KB238131

마음으로 새긴 우리무늬

Traditional Korean Patterns

도서출판 이종

일러두기

- 이 책은 전라남도 무형문화재 제56호 김규석 목조각장의 문양집이다.

- 작품 캡션은 문양명, 크기 순서로 표기하였다.

- 캡션 앞의 삼각형은 작품의 위치 및 방향을 알려준다. 꼭지각의 방향은 해당 작품의 방향(위, 아래, 좌, 우)을 의미하며
  비어있는 삼각형은 캡션이 표기된 옆 페이지의 작품임을, 색이 채워진 화살표는 캡션이 표기된 페이지의 작품임을 의미한다.

- 작품의 크기는 '가로×세로cm'의 순서로 표기하였다.

- 본문은 한글로 표기하되 필요한 경우 한자를 병기했으며, 영문 작품명은 작품목록에 표기하였다.

Traditional Korean Patterns

마음으로 새긴 우리무늬

김 규 석

EJONG

목차 Contents

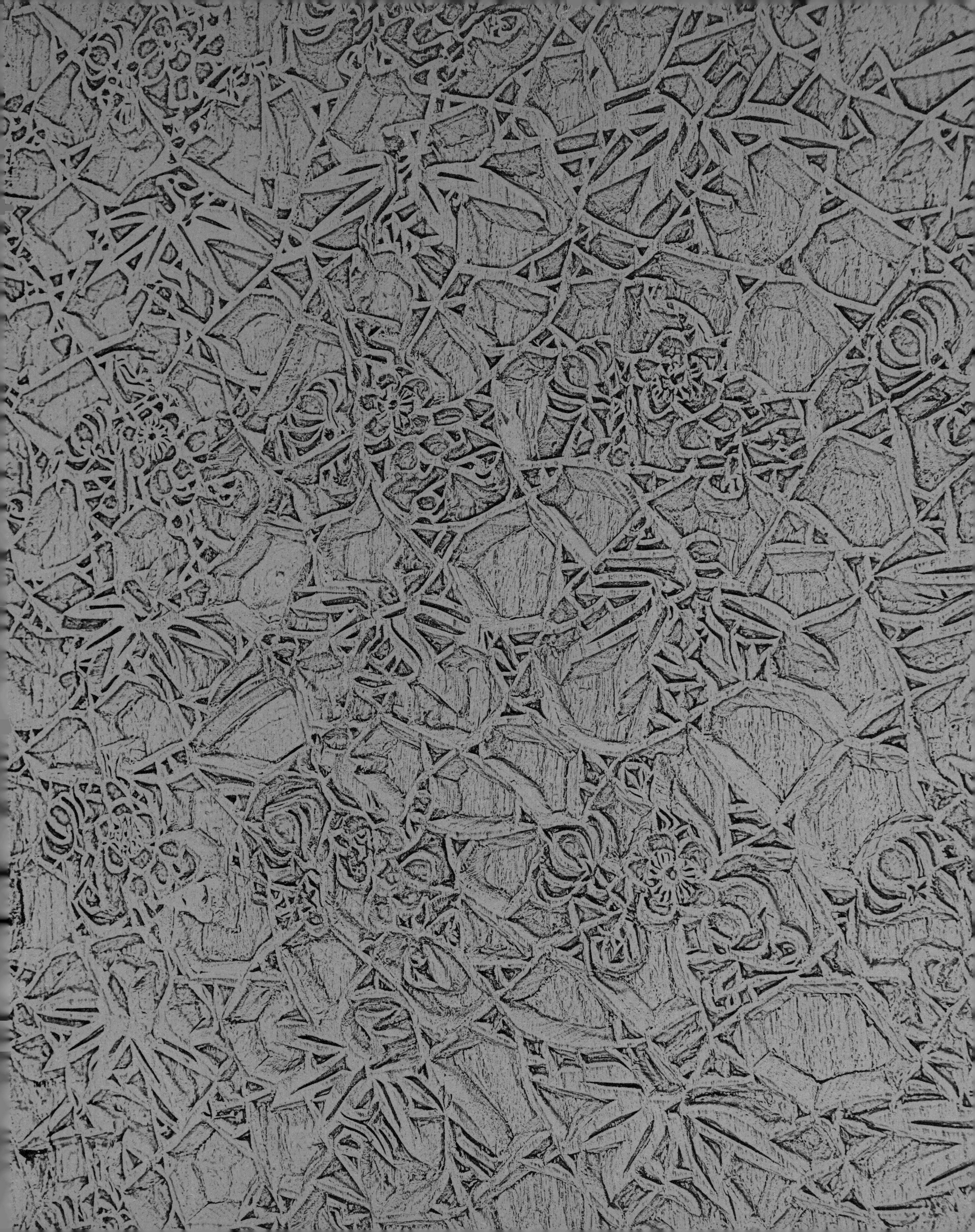

우리 무늬의 씨줄과 날줄

예로부터 우리 조상들은 자연과 친숙하게 지냈으며 낙천적인 생활습관은 풍자적이거나 해학적인 모습으로 우리무늬에 표현되어 왔다. 자연에서 창안된 다양한 무늬는 우리의 삶이나 생활 도구에 많은 영향을 끼쳐왔다.

무늬의 기본은 점과 선과 원으로 이루어져 있다. 선은 하늘과 땅을 의미했으며, 하늘의 일직선과 땅의 일직선은 영원히 평행하다고 생각했다. 단순히 일직선을 긋는 데 불과하지만, 상하 관계의 가운데에 저절로 대상의 면이 생기고, 그 선의 안과 밖은 음(陰)과 양(陽)으로 규정되어 자연의 섭리와 오행(五行)으로 이루어졌다고 생각해 왔다. 우리 조상들은 자연에 의해 만들고, 일상의 삶을 표현한 우리 무늬를 먹는 떡에 부여함으로써 언어의 표현과 더불어 떡의 아름다움을 추구하였다. 기원과 주술(呪術)의 의미도 지녔다.

아쉽게도 우리는 근대화와 산업화를 겪으면서 역사 속에서 곁에 있던 전통문화를 많이 잃어버렸고, 또 잊고 살아가고 있다. 지금은 무늬도 수입해서 쓰고 있는 실정이다. 일상에서 접하는 타일, 보도블록, 벽지, 포장지 등에서 우리무늬를 찾아보기 어려울 정도이며 거의 수입에 의존하고 있다. 우리의 5000년 역사를 생각해 보면, 무늬를 수입해 쓴다는 것이 이해가 되지 않는 일이지만, 이것은 현시대에 맞는 무늬가 별로 없기 때문이라 여겨지기도 하고, 또한 새로운 문물을 받아들이면서 우리 것을 무시하고 외국 것을 선호하는 국민성도 한몫을 하고 있다고 본다.

우리가 사용하는 생활도구는 편리함과 실용성을 추구하면서 많은 변화를 가져왔다. 100여 년 전의 생활도구가 현대에도 그대로 사용되고 있는가 하면, 20∼30여 년 전 생활도구가 이미 일상에서 사라진 예도 많다. 우리의 생활 도구는 시대에 맞게 변천해 온 것이다. 저자는 전통공예의 맥이 끊이지 않고 지속적으로 계승·발전될 수 있도록 그동안 연구를 통해 정리한 전통공예의 제작기법과 내재된 의미를 되살리고, 전통공예와 현대공예의 접목을 통해 전통공예의 체계적인 이론과 작품을 정리해 책으로 엮어냈다. 이번 작업에서는 이 시대에 맞는 무늬를 만들기 위해 10년 계획으로 200여점의 무늬를 새로 만들었으며, 세부적으로 문양각 60여점, 부조와 문양각을 접목한 작품 70여점, 상감 문양 50여점 등이 있다. 또한 이미 제작기법이 사라진 능화판과 시전지판을 고증을 통해 복원해 낸 50여점과 전통무늬를 새롭게 재해석한 떡살무늬 180여점을 포함하여 400여점의 작품을 책에 실었다. 이 작품들이 이 시대의 무늬로서 밑그림이 되었으면 하는 마음으로 하루 16시간씩 10년이라는 시간과 많은 재료비를 투자해 작업을 마무리하였다. 이번 작업이 힘들었던 점은 새로운 무늬를 만들기 위해 많은 자료 수집과 고증작업을 병행해야 했기 때문이다.

이번 무늬작업에서 가장 보람을 느꼈던 점은 우리 전통무늬를 훼손하지 않으면서 새로운 무늬를 만들어 냈다는 점이다. 음양오행(陰陽五行)을 기본으로 자연의 이치에 맞게 작업했으며, 전통공예 조각기법을 기본으로 삼아 수작업으로 완성하였다. 작업을 끝내고 나름대로 할 일을 했다는 생각이 든다. 자연을 즐길 줄 아는 우리 선조들의 여유와 해학의 감성들이 잊혀가고 있는 현실에서 우리의 무늬를 좀 더 고증하고 이를 바탕으로 현대에 맞게 정리하여 모두가 그 뜻을 알고 계승·발전시킬 수 있도록 해야 된다고 생각한다. 이 점은 우리나라의 민속학자와 공예 전문가들이 꼭 풀어야 할 과제가 아닌가 하는 생각이 든다.

마지막으로 이 책이 우리의 무늬를 이해하고, 우리무늬를 필요로 하는 분들에게 도움이 되었으면 하는 바람이다.

2016. 7

김 규 석

Traditionally, our ancestors have been well acquainted with nature and the optimistic life style was expressed in our patterns in parodic and humorous manners. Nature is the source of diverse patterns which have continuously influenced our life and living tools.

The bases of the patterns are points, lines, and circles. The lines meant sky and earth where our ancestors believed that the horizontal lines of the sky and earth are parallel forever. It is an act of simply drawing a straight line but the relationship between the top and bottom naturally created a surface whereas the inside and outside of the line were defined to be Yin and Yang respectively. All these ideas were based on the thought that everything is composed of the providence of the nature and the Five Elements. The nature created patterns which described the daily life of our ancestors and our ancestors assigned such patterns into edible rice cakes as a means of seeking the expression of the language and the beauty of the rice cake. Those patterns possessed the meaning of wishing and charm.

Unfortunately, we have lost many of the traditional cultures dwelling within the history during modernization and urbanization. Moreover we are losing and forgetting the traditional cultures as we live. At this point time, we are actually importing foreign patterns. It is very hard to find our patterns in tiles, sidewalk blocks, wallpapers, and wrapping papers which we may see in our daily lives. Most of those are imported. Considering the 5000 years of our history, it is incomprehensible that we are importing patterns but may be it is due to lack of our traditional patterns in accordance with the current time along with our national character to prefer foreign cultures and neglect our cultures as our country have been adopting new western cultures.

Our living tools have experienced great changes with people's search for convenience and practicality. Some of the living tools lasted over 100 years but many have disappeared within 20 to 30 years. Our living tools have made transitions in accordance with the time. In order to inherit the legacy of the traditional craft and accomplish continuous development, the author compiled the systematic theory and works of the traditional crafts into a book by reviving the manufacturing techniques and inherent meanings of the traditional crafts which have been organized through the researches and by combining the traditional craft with modern craft.

This work consists of 200 pieces of newly created patterns which aimed to create a pattern in tune with the time through 10 year plan. Specifically, there are 60 Munyanggaks, 70 pieces of Munyanggak combined with Relives, and 50 pieces of Inlay patterns. This book contains 400 pieces which also include 50 pieces of Neunghwapan and Sijeonjipan and 180 pieces of Tteoksal patterns which were created by newly reinterpreting the traditional patterns. The Neunghwapan and Sijeonjipan have been restored through historical investigation. This work was accomplished with investment of enormous time and cost such as 16 hours a day for 10 years as well as a mind that these pieces will serve as the rough sketches of the patterns in the time. This work was particularly difficult as the author had to manage extensive amount of data collection and historical investigation works.

Creating new patterns without defaming our traditional patterns made the author to feel worth the most. The works were created through handwork based on the Five Elements and providence of the nature as well as the traditional craft manufacturing techniques. After completing the work, the author felt that he has accomplished his own duty and task. The author thinks that all people should investigate the histories of our patterns, organized them in accordance with the time, and inherit and develop by knowing the meanings. This may be the task that Korean folklorists and craft experts must solve.

Lastly, the author wishes that this book will be helpful to those who understands and needs our patterns.

July 2016

Kim Kyu Suk

공예에 담긴 우리무늬

우리는 훌륭한 스승에 훌륭한 제자가 있고, 스승의 가르침에 뜻을 세워 평생을 정진하는 사람들의 이야기를 듣는다. 김규석은 그의 스승이신 이주철 선생과 고 이연채 선생을 모시고 공부한 것에 많은 자부심과 자신감을 갖고 있는 사람이다. 이주철 선생에게 목조각을 배워 뜻을 세웠고, 고 이연채 선생에게 배운 떡살과 다식판으로 전통 무늬를 연구하고 길을 열어 이연채 선생이 돌아가신 후 2002년 '남도 의례 음식 기능 보유자 제7호 이연채 전통음식·떡살'을 다룬 『지혜로운 우리 음식』을 발간하여 돌아가신 스승에 대한 예를 갖추었다.

그는 그 후 떡살과 다식판 무늬에 관심을 갖고 무늬의 기원과 발달 과정을 파악하기 위해 우리의 전통문화와 민간신앙을 연구하며 2005년 『소중한 우리 떡살』, 『아름다운 떡살 무늬』 두 권의 책을 출간하여 목조각과 공예를 공부하는 모든 이들이 본으로 삼아 전통 공예의 맥을 이을 수 있는 커다란 시금석을 놓아 주었다. 그는 2005년 책머리에서 우리 무늬들의 근거를 찾아 고증해야 하고, 체계화 시키며 명확하게 밝혀 일반화 시켜야 한다고 했고, 우리의 무늬를 현재보다 구체적으로 집대성해서 역사 속에 박제되어 있는 무늬가 아닌 우리의 삶 속에서 살아 숨 쉬는 무늬가 될 날이 오기를 기대한다는 말을 하였다.

그 후 10년, 그가 다시 공부하고 준비한 필생의 역작을 모아 『마음으로 새긴 우리 무늬』를 출간하게 되었다. 이번 책에는 전통무늬의 가치를 계승, 발전시키기 위해 10여년에 걸쳐 작업한 문양각과 부조, 상감 등 400여 점의 작품을 실었다. 주요 주제로는 문양각무늬, 능화판무늬, 시전지판무늬, 떡살과 다식판무늬, 부조무늬, 상감무늬 등을 실었다. 특히 이번 책의 성과로 19세기 이후 소멸되었다고 생각한 능화판과 시전지판 만드는 기법을 되살리고 복원한 그의 노력이 높이 평가받아야 하겠다. 이는 10여년의 시간을 온전히 바쳐 그의 꿈과 목표를 향한 발걸음을 내딛는 것으로, 훌륭한 스승을 모시며 배우고 익혔던 것을 끊임없이 공부하고 연마해 공예 입문 후 가졌던 원대한 꿈을 현실화 시키는 그의 무서운 집중력과 추진력을 보여주고 있다. 평생을 공부하고 연마해온 기예로 만든 그의 작품은 아름다움과 완벽함으로 무장되어 있고, 작품을 만들 때 나무를 대하는 마음과 칼을 잡은 그의 자세는 잘 벼리어진 칼을 잡고 있는 검객의 자태마저 느끼게 한다.

2013년 전라남도에서는 이러한 그의 기술 구사능력과 학술적 뒷받침을 평가하여 전라남도 무형문화재 제56호 목조각장으로 지정하였다. 이는 평생 한 길을 걸어온 그의 업적을 평가받는 일이고, 스승에 누가 되지 않는 제자의 도리를 다 한 것에 대한 보답이라 본다. 그가 공예 입문 후 세운 뜻을 이루기 위해 달려온 그의 지난 세월을 보며 서산대사의 선시(禪時) "눈길을 밟으며 들길을 갈 때 그 발걸음을 어지러이 하지 말라. 오늘 걷는 내 발자국이 반드시 뒷사람의 이정표가 될 것이니(踏雪野中去(답설야중거) 不須胡亂行(불수호란행) 今日我行跡(금일아행적) 遂作後人程(수작후인정))."로 그의 뜻과 목표가 우리 전통 공예 문화의 부흥을 이루기를 염원해 본다.

2016. 7

전라남도문화재위원

목포대학교 미술학과 교수 김태종

Our Traditional Patterns Embraced in Crafts

We hear about stories of great teachers and great students who set an aim from the teaching of the teacher and devote their life time on it. Kyu Seok Kim is a person with pride and confidence for his studies under his master Ju Cheol Lee and the late Yeon Chae Lee. Kyu Seok have established a goal in wood sculpture after learning from mater Ju Cheol Lee. Also Kyu Seok studied and made accomplishments of Tteoksal and Dasikpan which he learned from the late master Yeon Chae Lee. After master Lee's death, Kyu Seok Kim has published 『Wise Traditional Food』 in 2002 which treated the traditional food Tteoksal of Yeon Chae Lee who is 'the 7th Namdo Eurye Food Artisan" as a fulfillment of his duty as a student of the late master Lee.

Afterwards, he paid attention to the patterns of Tteoksal and Dasik Plate and researched our traditional culture and folk belief to understand the origin of pattern and development process. As a result, he published two books of 『Our Valuable Tteoksal』 and 『Beautiful Patterns of Tteoksal』 in 2005 which serves as a role for all students of wood craft and sculpture. These books established a great touchstone for the continuation of legacy of traditional craft. In his preface of the book in 2005, he claimed that we must find and study historical evidence of the sources of our patterns and generalize them by systemization and clarification. He mentioned that detailed synthesis must be created in a more detailed manner than how it is now so that he expects to see our patterns dwell in our lives one day instead of being taxidermied in the history.

After 10 years, he has collected the magnum opus that he has restudied and prepared over his life to publish 『Traditional Korean Patterns』. This book contains 350 works including Munyanggak, relief, inlay and other works that he has created over 10 years as an effort to inherit and develop the values of our traditional patterns. The major themes are Munyanggak patterns, Neughwapan patterns, Sijeonjipan patterns, and Tteoksal and Dasikpan pattern, relief pattern, and inlay patterns. In particular, his effort to revive and restore the manufacturing techniques of Neunghwapan and Sijeonjipan must be evaluated highly for those techniques were thought to be extinct after the 19th century. This was a new step toward his dream and goal which was accomplished by 10 years of devotion by endlessly studying and practicing what he has learned from great teacher. This illustrates his fierce concentration and positive drive to realize the grand goal that he once dreamed of after he became a disciple of great teacher. His works from technique practiced and studied for lifetime are prepared with beauty and perfection. His attitude of treating wood in the process of creating work makes viewers to feel the spirit of master swordsman holding a sharpened blade.

The Jeollanamdo appointed him as the 56th Wood Sculpturer(Mokjogakjang) which is the intangible cultural asset of Jeollanamdo in 2013 as his ability to perform the techniques and academic support were highly evaluated. This was an evaluation of his accomplishments of concentration on one path over his life and I believe that this was the reward for his efforts to fulfill his duty as proud student. After seeing his past, the life of devotion for accomplishment of his goal that he has established after entering into the sculpture, I long for the revival of our traditional craft culture through his will and goal with a Buddhistic poem of Susandaisa "Do not mess steps when you walk on a field path full of snow. My steps will certainly serve as the road signs of the person who will walk later.

July 2016
Member of Jeollanam-do Cultural Properties Committee
Professor of Fine Arts at Mokpo National University
Kim Tae Jong

떡살

Tteoksal

떡살은 절편의 표면에 무늬를 찍어내는 판이며 떡에 살(문양〈紋樣〉)을 부여한다는 뜻이다. 살이 뼈가 되고 무심한 흰떡에 어떤 의미를 지닌 무늬를 놓아 그 골격을 형성한다. 예로부터 절편에 떡살로 무늬를 찍는 것을 '살 박는다'고 했다. 떡살을 만드는 재료는 주로 나무를 사용하지만 사기나 자기로도 만들어 쓸 수 있다. 형태는 크게 장방형과 원형으로 나누어 볼 수 있는데 장방형 떡살은 단면, 양면, 사면 등이 있으며 나무로 만든 것이 대부분이다. 원형 떡살은 단면, 양면, 육면 등이 있으며 나무, 자기, 사기로 만들어 썼다. 떡살을 만드는 나무는 감나무가 대부분이며 대추나무, 박달나무, 회양목, 돌배나무, 벗나무, 살구나무 등 강한 잡목을 사용한다.

떡살 무늬는 수(壽), 복(福), 다남(多男)이라는 삼다(三多)의 의미로 이루어져 있다. 무늬로 본 의미는 다음과 같다. 거치무늬(톱니모양)는 부귀(富貴)와 길경(吉慶), 다손(多孫)을 의미하고, 모란무늬는 부귀를 의미한다. 국화무늬는 장수(長壽)와 정토(淨土)의 의미를 지니고, 파도무늬는 조정(朝庭)을 의미한다. 학, 거북, 사슴, 복숭아 등의 무늬는 장수(長壽)를 의미하고, 박쥐무늬는 수, 부(副), 강녕(康寧), 유호덕(攸好德), 고종명(考終命)의 오복(五福)과 다산(多産)을 의미한다. 나비무늬는 기쁨과 금슬(琴瑟), 80세 장수를 의미하고, 물고기눈무늬는 동심원과 햇빛, 정토의 의미를 지닌다. 길상화무늬(吉祥花紋)는 만사여의(萬事如意)를 비는 의미가 있고, 연꽃무늬는 축복(祝福)과 극락정토(極樂淨土)를 의미한다. 차, 꽃, 소나무, 매화 등의 무늬는 신년을 의미하며, 포도무늬는 자손의 번영(繁榮)과 부귀를 의미한다. 세한삼우무늬(松竹梅)는 좋은 친구 관계를 의미하고, 석류무늬는 다산을 의미한다. 대나무무늬는 축수(천수)의 의미를 지니며, 문자무늬는 수복(壽福), 강녕, 부귀, 다남, 길상여의(吉祥如意)등을 의미하여 떡살과 다식판에 다양하게 쓰인다. 관혼상제(冠婚喪祭)에서 관(冠)은 큰사람이 되라는 의미로 파초무늬를, 혼(婚)은 다산의 의미로 석류무늬를, 상(喪)은 좋은 데로 가시라는 정토의 의미로 연꽃무늬를, 제(祭)는 윤회사상(輪廻思想) 의미가 들어있는 수레차무늬를 사용하였다. 그리고 절기별로 세시풍속이 다르듯이 지역에 따라 무늬도 달라진다.

떡살이나 다식판은 문양자체를 반대로 도안하여야 하며 특히 문자문은 주의하여 사용하여야 한다. 또한 조각은 음각으로 하여 떡이나 다식의 모양새가 양각이 될 수 있도록 하여야 한다. 주로 여성들이 사용하는 도구이므로 사포는 1000번(사포표면의 거친 정도)을 사용하였고, 떡이나 다식을 만드는 도구로 쓰여 칠의 독성 때문에 칠을 하지 않았으며 동백기름으로 마무리를 하였다. 떡살무늬는 우리의 전통무늬를 기본으로 작업하였다.

Tteoksal is a board used to imprint patterns on the surface of pounded rice cake. It means to place design on the rice cake. The design becomes a bone and meaningful patterns are imprinted to form its framework. Our ancestors called the act of imprinting pattern on the pounded rice cake with Tteoksal as 'place the design'. The main material of the Tteoksal is wood but sometimes porcelain and pottery are used as Tteoksal. The shapes are classified into rectangular shape and circular shape in large, and the rectangular shaped Tteoksals are single sided, double sided, and four sided. Tteoksals are mainly made of wood. The circular Tteoksals are single sided, double sided, and six sided, and they are made of wood, porcelain, and pottery. Mainly persimmon trees are used to make Tteoksal but strong scrubs such as jujube tree, betula schmidtii, boxwood tree, pyrus pyrifolia NAKAI, cherry tree, and apricot trees are used as well.

The Tteoksal patterns are composed of meanings of 'three many' which are long life, many luck, and many son. The meanings of the patterns are as follow. The saw-tooth pattern means riches and honors, very happy occasion, and many children. The peony pattern means riches and honors. The chrysanthemum means long life and paradise, and wave pattern means the government. The crane, turtle, deer, and peach patterns mean long life, and bat pattern means five fortunes such as long life, wealth, riches and honors, taking pleasure in following the morality, many children and living one's full life and die peacefully as well as many children. The butterfly pattern means happiness, conjugal harmony, and 80 years of long life, and the fish pattern means concentric circle, sunlight, and paradise. The lucky omen patterns have meanings of wishing everything to be turned out as one wish. The lotus pattern means blessing and the land of happiness. The patterns of tea, flower, pine tree, and apricot flower means new year and the grape pattern means prosperity, honors, and riches of the descendants. The patterns of Sehansamu(pine tree, bamboo tree, and apricot tree) mean good friendship and the pomegranate pattern means many children. The bamboo tree pattern has meanings of blessing long life and the Chinese character patterns mean long life, happiness and peace, many sons, and lucky omen for everything to turn out as one wishes. These diverse patterns are used in the Tteoksal and Dasikpan. Among the four ceremonial occasions of coming of age, wedding, funeral, and ancestral rites, the banana tree pattern is used for coming of age with the meaning of wishing the person to be a great man. The pomegranate pattern is used in the wedding with a meaning of many children. The lotus pattern is used for the funeral with a meaning of paradise wishing the dead to go to good place. And the wagon pattern was used for the ancestral rites with a meaning of idea of rebirth. Also the patterns vary with regions as the customs differ by seasons.

The Tteoksal and Dasikpan must be designed with the inverted pattern. The Chinese character pattern needs extreme caution. Also the sculpture must be done with intaglio so that the shapes of rice cake and Dasik(tea and confectionery) can be engraved. 1000 grit sandpaper treatment was done since it is mainly used by females. Also the no lacquer was done with a consideration of the tool being used as a tool to make rice cake or Dasik. The finishing was done with camellia oil. The Tteoksal patterns were created based on our traditional patterns.

▲ 연꽃문, 격자문   50×5.5cm
▲ 백일홍꽃문, 연꽃문, 돌림문   53×6.5cm

▲ 구름당초문, 기하학적문 37×8cm

▲ 오태극문, 연꽃문, 빗살문 32.5×5.5cm

▲ 만자문 50×9cm

▲ 난초문, 고리문, 격자문, 만자문 38.5×6cm

▲ 국화문, 연꽃문, 빗살문　45×5.5cm
▲ 연꽃문, 국화문, 돌림문　46×6cm
▲ 금잔화문, 국화문, 길상문　50×5.5cm
▲ 연꽃문, 만자문　47×6cm
▲ 연꽃문, 만자문　53×6cm

▲ 무궁화문, 국화문, 아자문　8×39cm

▶ 연꽃문, 길상문　6.5×56cm

▶ 연꽃문, 쌍희자문　8×39cm

▲ 봉황문, 구름문 17×17cm
▲ 보상화문 17×17cm

▲ 국화문, 돌림문, 격자문　50×5cm
▶ 연꽃문, 돌림문, 만자문　56×6.5cm

▲ 연꽃문, 만자문　57×6.5cm
▶ 연꽃문, 국화문, 빗살문　62×6.5cm

▲　물고기문, 모란문, 고리문　44×7cm
▼　돌림문, 뇌문　42×8cm

고리문　51×6cm

백일홍꽃문, 금잔화문, 고리문 39×8cm ▲
고리문 39×7cm ▼

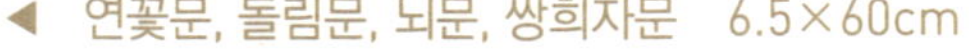

◀ 연꽃문, 돌림문, 뇌문, 쌍희자문　6.5×60cm
▲ 연꽃문, 만자문, 빗살문　5.5×29.5cm
▶ 연꽃문, 국화문, 고리문　5.5×46cm

▲ 연꽃문 16.5×16.5cm
▲ 연꽃문 14×14cm

▲ 만자문 손잡이떡살　먹감나무　40×8×7cm
▲ 연꽃문 손잡이떡살　먹감나무　40×8×7cm
▲ 수자문 손잡이떡살　먹감나무　33×6×7cm

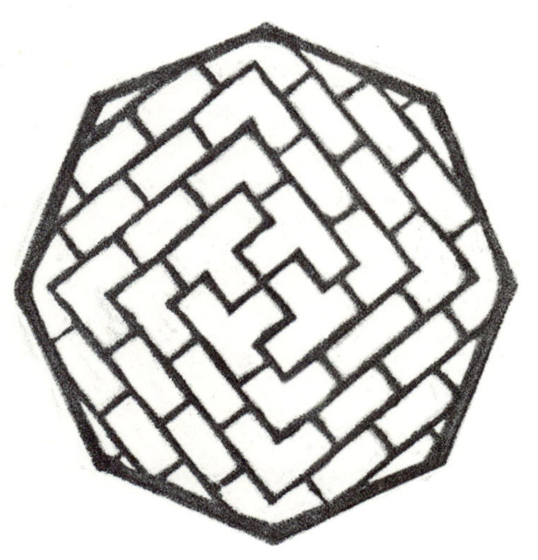

▲ 만자문　10×10cm
▲ 연꽃문　9×9cm
▲ 수자문　5×5cm

▲ 나비문, 국화문, 진달래꽃문, 돌림문　52×5.5cm
▲ 고리문　53×5.5cm
◀ 게문, 국화문, 파도문　44×7cm

▲ 삼태극문, 수레차문　88×8.5cm
▲ 길상문　76.5×8cm
▲ 백일홍꽃문, 연꽃문, 돌림문　53×6cm

▲ 돌림문 38×6cm
▲ 물고기문, 파도문 52×6.5cm
▲ 연꽃문, 국화문, 돌림문 44×7cm

▲ 파도문 44×7cm
▲ 태극문, 수레차문 30×4.5cm

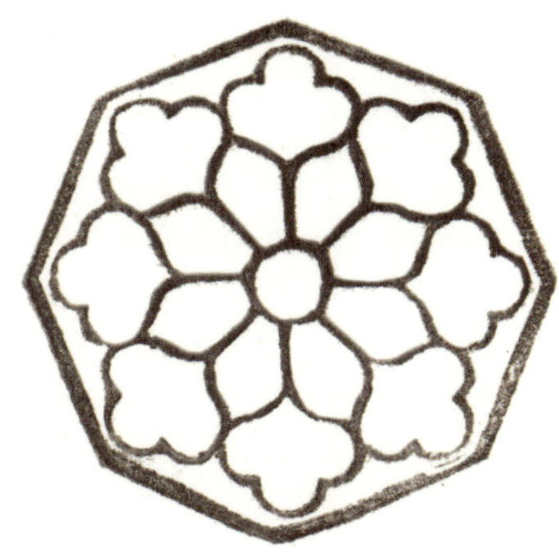

▲ 백일홍꽃문 8×8cm
▲ 백일홍꽃문 8.5×8.5cm
▲ 사슴문 8.5×8.5cm

▲ 연꽃문 7×7cm
▲ 연꽃문 7×7cm
▲ 토끼문 8×8cm

▲ 연꽃문, 돌림문   45×6cm
▲ 연꽃문, 격자문, 고리문   41×5.5cm
▲ 연꽃문, 국화문, 빗살문   45×6cm
▲ 연꽃문, 국화문, 돌림문   45×6cm

▶ 길상문　8×74cm
▶ 길상문　8×74cm

▲ 모란문, 기하학적문, 장방형떡살 감나무 66×6×5cm
▲ 모란문, 기하학적문 47×5cm

▲ 연꽃문, 만자문, 장방형떡살 먹감나무 58.5×7×5cm
▲ 연꽃문, 만자문 43×6.5cm

▲ 연꽃문, 국화문, 돌림문　65×6.5cm
▲ 연꽃문, 국화문, 고리문　46×6cm
▲ 연꽃문, 만자문, 뇌문　70.5×8cm

▲ 만자문　5.5×5.5cm
▲ 사슴문　8.5×8.5cm
▶ 연꽃문, 돌림문　6×38cm
▶ 연실문, 고리문　4×31cm

◀ 화문, 사태극문　9×55cm
▲ 삼태극문　6×6cm
▲ 만자문　5×5cm

▲ 연꽃문, 격자문 5×31cm

▶ 연꽃문, 이화문, 파도문 6×45cm

▶ 연꽃문, 길상문 6.5×56cm

▲　연꽃문, 만자문　8×46.5cm
▶　연꽃문, 만자문, 빗살문　5×31.5cm
▶　연꽃문, 돌림문　5.5×34cm
▶　연꽃문, 돌림문　5.5×34cm

▲ 연꽃문, 국화문, 고리문　39×7cm

▲ 국화문, 연꽃문, 빗살문　57×5.5cm

◀ 만자문, 연꽃문　39×7cm

▲ 물고기문, 빗살문 58×6cm
▲ 물고기문, 돌림문 46×6cm
▲ 물고기문, 국화문, 파도문, 고리문 50×5cm

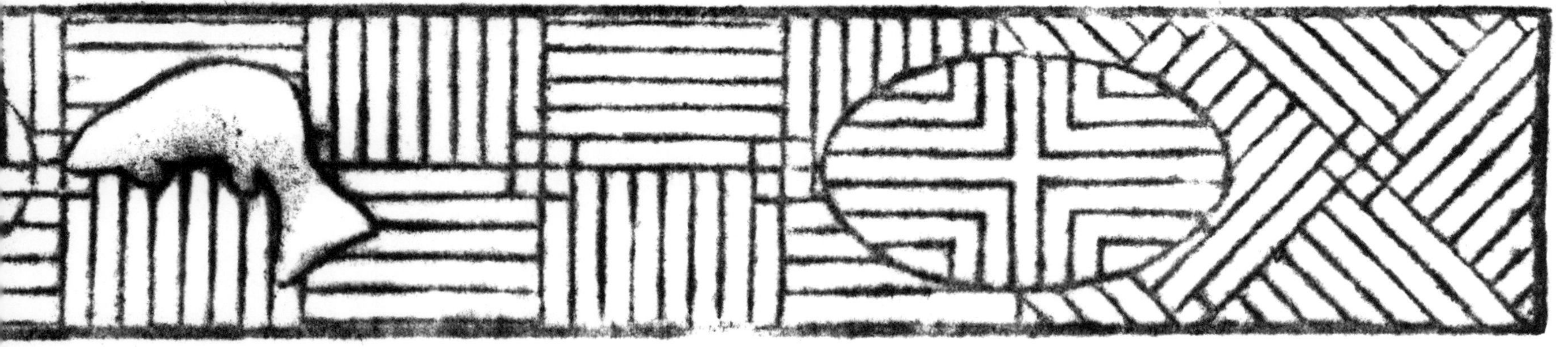

▲ 돌림문, 만자문 46×7cm
▲ 뇌문 39×7cm
▲ 연꽃문, 영롱문, 돌림문, 만자문 47×7.5cm

▲ 연꽃문, 박쥐문, 수자문, 돌림문 7×48cm
▶ 연꽃문, 국화문, 돌림문 6×44cm
▶ 국화문, 만자문 5.5×36.5cm
▶ 연꽃문, 만자문 6×43cm

▲ 복숭아문, 파자문　36×4cm
▲ 연꽃문, 만자문, 빗살문, 고리문　47×6cm
▲ 연꽃문, 파자문　53×5.5cm
▲ 연꽃문, 국화문, 빗살문　51×6cm

▲ 창살문 53×6cm
▲ 만자문 50×9cm
▲ 파도문 53×6cm

▲ 돌림문　53×5.5cm
▲ 빗살문　53×5cm
▲ 만자문　53×5.5cm
▲ 만자문　53×5.5cm

▲ 연꽃문 7×7cm
▲ 복자문 10×10cm
▲ 삼태극문, 이화문 9×9cm

▲ 연꽃문 7.5×7.5cm
▲ 연꽃문 16.5×16.5cm
▲ 창살문 6×6cm

▲ 고리문 44×5.5cm | 삼태극문, 수레차문, 만자문 43×7cm
▲ 국화문, 고리문 45×5.5cm
▲ 연꽃문, 돌림문 24×4.5cm | 빗살문 28×4cm
▲ 연꽃문, 만자문, 고리문 50×5cm
▲ 물고기문, 국화문, 고리문 45×5.5cm

▲ 금잔화문 7×7cm
▲ 연꽃문 7×7cm
▲ 거북문 7.5×6cm

▲ 나비문 9×9cm
▲ 수자문 7×7cm
▲ 귀갑문 6×6cm

▲ 연꽃문, 고리문　5.5×32cm
▶ 연꽃문, 창살문, 만자문　6.5×56cm
▶ 연꽃문, 만자문　7×41cm

◀ 국화문, 이화문, 빗살문 7×47cm

▲ 연꽃문, 만자문 5.5×20cm

▶ 연꽃문, 국화문, 빗살문 6×44cm

▲　물고기문, 모란문, 돌림문　56×6.5cm
▼　연꽃문, 모란문, 만자문　44×7cm

연꽃문, 모란문, 격자문　43×6.5cm　▲
파도문　52×6cm　▼

▲ 연꽃문, 국화문, 돌림문　47×6cm
▲ 보상화문, 기하학적문　32×5.5cm
▲ 연꽃문, 만자문　52×6cm

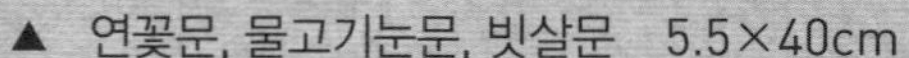

▲ 연꽃문, 물고기눈문, 빗살문 5.5×40cm

▶ 연꽃문, 이화문, 파도문 5×40.5cm

▶ 연꽃문, 만자문, 고리문 5.5×39cm

태극문, 연꽃문 7×78cm

▲ 물고기문, 돌림문　25.5×4.5cm　ㅣ　물고기문, 이화문, 돌림문　44×5.5cm

▲ 물고기문, 고리문　31×4cm　ㅣ　화문, 만자문　66×9cm

▲ 화문, 만자문　39.5×7.5cm　ㅣ　물고기문, 연꽃문, 돌림문　46×5.5cm

▲ 국화문, 난초문, 기하학적문　40×8cm
▲ 연꽃문, 국화문, 돌림문　40×8cm
▲ 모란문, 보상화문, 고리문　40×8cm

▲ 연꽃문, 만자문, 뇌문 32.5×6cm
▲ 연꽃문, 돌림문, 만자문 44×6cm
▲ 연꽃문, 고리문 28.5×6.5cm
▲ 연꽃문, 돌림문 33.3×5.5cm

▲ 백일홍꽃문   8×8cm
▶ 빗살문   8.5×8.5cm
▶ 연꽃문   6×6cm

▲ 수자문   8×8cm
▶ 연꽃문   8×8cm
▶ 복자문   8×8cm

눈꽃문, 파도문   18×4cm

▲ 보상화문, 기하학적문　25×6cm
▲ 보상화문, 기하학적문　22×4cm
▲ 연꽃문, 만자문　42×5cm
▲ 연꽃문, 기하학적문　29×4cm
◀ 국화문, 돌림문　19×6cm

▲ 국화문, 연꽃문, 돌림문 45×9cm

▲ 모란문, 국화문, 즐거울락자문 39×8cm

▲ 연꽃문 7.5×7.5cm

▶ 백일홍꽃문 8×8cm

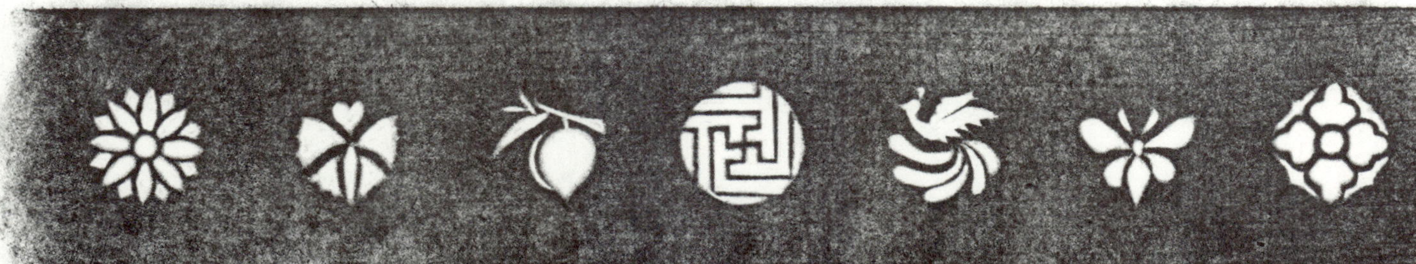

▲ 연꽃문, 난초문, 격자문, 복숭아문, 국화문 다식판 30×7cm
▲ 연꽃문, 격자문, 쌍희자문, 수자문, 해당화문 다식판 30×7cm
▲ 연꽃문, 격자문, 귀갑문, 수자문, 복숭아문 다식판 30×7cm
▲ 이화문, 눈꽃문, 벚꽃문, 눈꽃문 다식판 25×6cm
▲ 국화문, 박쥐문, 복숭아문, 만자문, 봉황문, 나비문, 사엽화문 다식판 44×12.5cm

▲ 37구 다식판 65×15cm
▲ 38구 다식판 62×10cm
▲ 77구 다식판 77×18cm

▲ 7구 다식판　40×5cm
▲ 7구 다식판　43×6cm
▲ 9구 다식판　55×5.5cm
▲ 9구 다식판　58×6cm
▲ 11구 약과판　44×12.5cm

능화판

菱花板
Neunghwapan

능화판(菱花板)은 다양한 무늬를 새긴 목판으로 여러 장의 한지를 압착해 만든 책의 표지용 무늬를 박아 넣는데 사용되어 왔다. 능화판은 대부분 박달나무로 만들었으나 간혹 산벚나무나 돌배나무로도 만들었다. 고서의 표지를 장식하기 위한 미각적인 효과와 아울러 공기층을 형성하여 책의 본문을 보호하기 위한 목적으로 사용된 것이다. 능화판은 책 표지를 압출하는 것 외에 보자기를 찍거나 혹은 벽지를 찍는 판으로도 사용되었다는 설이 있는데, 이는 간혹 능화판의 뒷면에서 벽지나 보자기에 무늬를 찍어내는 보자기판이 발견되었기 때문이다.

능화판이 언제부터 사용되었는지 그 연대는 정확히 알 수 없으나 고려 말부터 사용되었을 것으로 추정된다. 초기의 능화판에는 불교와 관련된 만자(卍字)무늬가 많이 나타나는데 이러한 특징은 종교적 신앙으로서 성전(聖典)의 제작에서 책표지의 장식이 발달하는 문화적 양상으로 보아야 할 것이다. 불경이 중심을 이룬 고려시대에는 자금(資金)과 목판인쇄(木板印刷)의 경험과 기술이 사찰에 집중되어 있으므로 능화판의 제작이 처음 이루어진 곳이 사찰일 것으로 추정된다.

능화판(菱花板) 무늬의 구성은 크게 바탕 무늬와 소재 무늬로 구분된다. 15세기에서 16세기의 능화판 무늬는 만자무늬, 연꽃무늬, 보상화무늬에 칠보(七寶)무늬가 포함된 형태가 대부분이며, 작은 새와 물고기가 포함된 무늬도 간혹 보인다. 17세기에는 매우 다양한 소재가 등장하여 칠보, 팔보(八寶), 잡보(雜寶), 원형(圓形), 당초무늬 등이 나타나고, 18세기 후반에서 19세기 전반까지는 중앙을 중심으로 굵은 선으로 된 만자무늬와 돌림(回)무늬가 주를 이룬다. 또한 같은 시기에 만자무늬와 문자(文字)무늬가 등장하여 독립적으로 쓰이거나 칠보와 연꽃, 천도 등과 어우러진 복합된 형태로 나타나기도 하였으며 점차 사방연속의 정형화된 형태가 틀을 잡게 되었다. 19세기 후반에 들어서면서 섬세하고 완숙된 정제의 이미지 대신 국화, 나비, 용, 봉황, 문자에 이르기까지 다양한 형태로 대담한 독립무늬를 보여주고 있다. 그 이후로 서양의 양장본이 들어오면서 점차 능화판의 기능은 사라져갔다.

능화판(菱花板)과 시전지판(詩箋紙板)은 전통 제작 기술이 거의 사라진 상태이므로 저자는 고서의 책 표지 무늬를 보고 참고하여 복원하였다. 능화판 작업은 양각으로 조각을 해야 하며, 무늬는 도드라진 부분이 책 표지에 찍힐 수 있게 작업을 해야 한다. 전통기법인 창칼과 망치로 두드려서 작업하였으며, 가끔 둥근칼도 사용하였다. 마무리 사포는 320번으로 하였으며, 나무의 변형을 방지하기 위하여 동백기름으로 처리하였다.

Neunghwapan is a woodblock engraved with diverse patterns which was used to place patterns on the cover of the book that is made by compressing several traditional Korean papers. Neunghwapans were mainly made of Betula schmidtii but wild cherry tree and pyrus pyrifolia NAKAI were used in some occasions. Neunghwapan has aesthetic effect of decorating the cover page of the old book as well as formation of air bound protecting the texts of the book. There exists a view that Neunghwapan was used not only to imprint on the book cover but also to imprint on cloth and wall paper because boards imprinting on cloth and wall paper were sometimes found at the back of the Neunghwapan.

It is hard to tell when our ancestors started using the Neunghwapan but it is assumed that it was started from the late Goryeo Dynasty. The early Neunghwapan exhibits numerous Manja patterns(卍字) which are related to the Buddhism. Such characteristics can be regarded as the cultural aspect that the decoration of the book cover developed in the process of producing scriptures with religious belief. It is assumed that Neunghwapan was first produced in the temple because the funds and wood printing experience and techniques were concentrated in the Buddhist temple in the Goryeo Dynasty where the Buddhist scripture was considered very important.

The components of the Neunghwapan patterns are classified into background patterns and subject patterns in large. The Manja pattern(卍), lotus pattern, Bosanghwa pattern including the Seven Treasures patterns are mainly found in the Neunghwapan in from 15th century to 16th century. Also, patterns having small fish and bird are occasionally found in the same period. In the 17th century, diverse patterns such as the Seven Treasures, Eight Treasures, miscellaneous treasures, circle shapes, and arabesque patterns emerged. The patterns from the late 18th century to early 19th century are mainly Manja patterns(卍) and turning shaped patterns(回) with thick lines centered in the middle. Also, Manja pattern and Munja pattern(Chinese Character) were used individually or in mixed shape with the Seven Treasures, lotus, and heavenly peach. Also, the four directional standardized form came into shape gradually. In the late 19th century, diverse shapes of bold individual patterns such as chrysanthemum, butterfly, dragon, phoenix, and Chinese characters were used instead of detailed, matured, and purified images. The function of the Neunghwapan started to disappear slowly with the inflow of Western styled hardcover book bindings.

The author referred to the patterns on the cover of old books and restored the extinct traditional techniques to manufacture the Neunghwapan and Sijeonjipan. The Neunghwapan must be engraved with inlay and the pattern must be engraved so that the relief can be imprinted on the cover of the book. The traditional technique with small knife and hammer was used and the circular knife was used sometimes. The 320 grit sandpaper was used for the finishing and camellia oil treatment was done to prevent the deformation of the tree.

길상문 31×71cm

국화문, 호접문, 만자문　32×40cm

▲　국화문, 만자문　20.8×53cm
▶　뇌문, 사격자문　19.5×46cm

▲　설화길상화문　47×33cm
◁　사격자길상화문　30×39cm

박쥐문, 모란문　31×33cm

▲　화조문　21×43cm
◁　만자문, 길상문　28×58cm

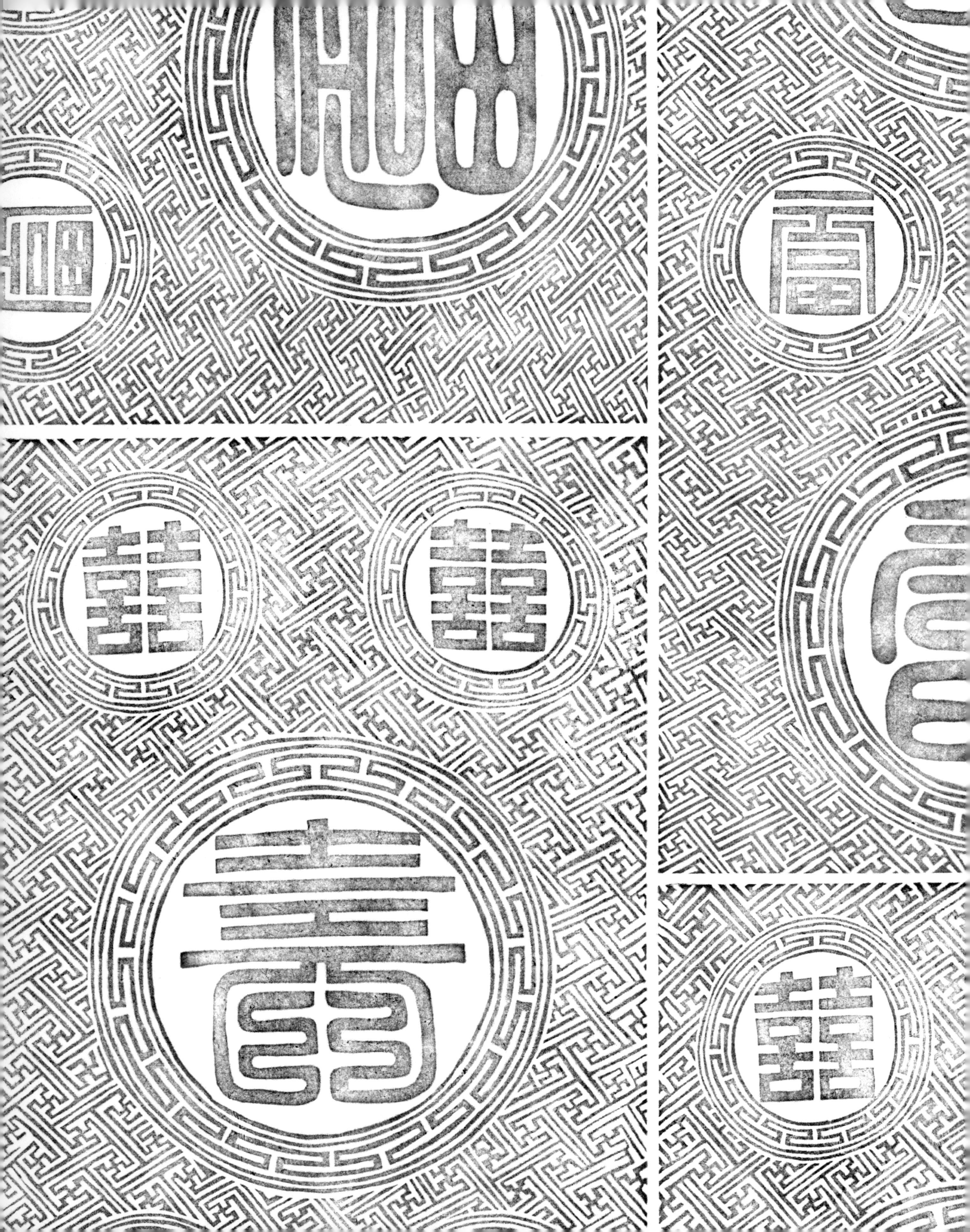

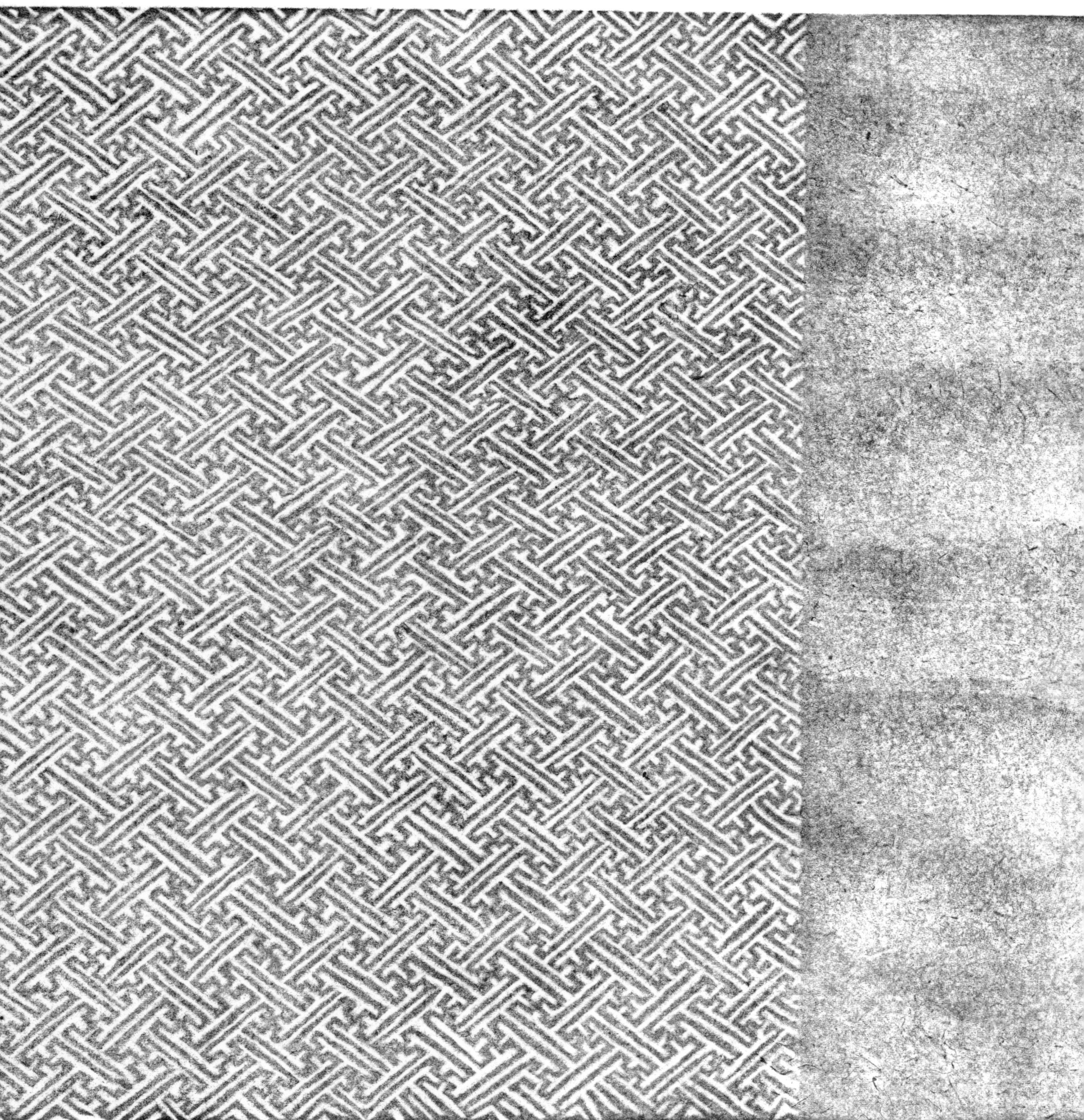

만자문 56×27cm

▲ 만자문 39×18.5cm
▷ 빙렬매죽문 36×71cm

사격자백물문   34×57cm

만자문, 길상문　34×65cm

만자문 65×32cm

▲ 사격자문   20×45.5cm
▶ 포도당초문   23.4×52cm
◁ 파자문, 길상문   18×33.5cm

▲　국화당초문　26×65cm
▷　돌림문　26.5×48.7cm

▲ 사격자백물문   47.8×30.8cm
◁ 용문, 만자문   26.5×42.3cm

사격자백물문 33×57cm

시전지판

詩箋紙板
Sijeonjipan

시전지판(詩箋紙板)은 서신을 보내는 서한지(書翰紙)나 시(詩), 부(賦)를 지어 한 수 적는 종이에 무늬를 찍어내는 일종의 목판(木板)이다. 재료로는 단단하여 조각이 잘 되면서 닳지 않는 산벚나무, 박달나무, 배나무 등을 주로 사용하였으며 간혹 부드러운 효과를 위하여 은행나무 중에서 단단한 부분을 사용하기도 했다. 판재는 소금물에 담가두었다가 자연건조 시킨 후 각(刻)을 하는데, 이것은 수축의 변화로 인한 무늬와 가느다란 행선(絲欄)의 변질을 막기 위함이다. 판의 무늬보다는 선이 잘 살아야 하므로 잘못된 부분의 수정 없이 숙련된 선각(線刻) 솜씨를 발휘해야 한다. 다른 작업에 비해 시전지판은 작업이 아주 섬세하고, 선이 가늘어서 조각하기가 매우 어려웠다. 무늬로는 사군자, 송학, 연꽃, 풍속을 새겼는데 가느다란 행선이 함께 사용되기도 하였다.

인쇄는 다른 목판인쇄(木板印刷)의 방법과 동일하다. 책은 단순히 먹물만을 사용하는 데 반해 이 시전지판은 오방색(五方色)을 선택할 수 있으며, 무늬도 선비의 취향에 따라 달리 표현되었다. 뜻을 이루지 못한 이는 향기롭고 고결한 난(蘭)을, 고요하게 숨은 이는 국화의 은은함을, 지조 있는 이는 대나무를, 덕이 있는 군자는 소나무를 즐겨 썼다. 이러한 문양각(紋樣刻) 작업들은 19세기 이전까지 사용되었다가 점차 사라지게 되었다.

시전지판의 조각은 양각으로 표현해야 하며, 무늬 도안은 반대로 해야 한다. 도장을 파는 기법으로 찍혀 나오기 때문에 모든 도안은 반대로 되어야 하며 특히, 문자는 주의해서 배접해야 한다.

현 시점에서 필자는 능화판과 시전지판의 전통적 제작기법이 사라지는 현실을 안타깝게 여겨 조사를 하였으나, 만드는 사람을 찾을 수 없어 영남대학교 박물관에 소장된 자료를 참고로 박달나무를 사용하여 능화판과 시전지판의 원형을 재현하였다.

The Sijeonjipan is a kind of wood board to imprint patterns on the letter paper or papers for poems and improvisational poetic writings. The wild cherry tree, betula schmidtii, and pear tree are main materials because they are hard, easy to engrave, and wear proof. Sometimes, hard parts of ginkgo were used for soft effects. The board material is sunk into salt water, naturally dried, and engraved to prevent the deformation of the thin and fine lines and the patterns due to the changes of contraction. Rather than the pattern of the board, the line must be emphasized well. So experienced line engraving skills must be done without modification of the mistakes. Sijeonjipan was very hard to sculpt compared to other works because it requires sculpturing very delicate and think lines. The Four Gracious Plants, pine tree, crane, lotus, and custom patterns were engraved with thin and fine lines.

The printing method is same as other wood printing methods. The book simply uses the ink but this Sijeonjipan can select five colors and the pattern was selected with consideration of the preference of the classical scholars. People who did not accomplish one's goal often used aromatic and pure orchid and quietly hidden people often used the softness of the chrysanthemum. Honorable people often used bamboo tree and virtuous noble man often used pine tree. Such Munyanggak works were used before 19th century and gradually disappeared.

The sculpture of Sijeonjipan must be expressed by engraving relief and the pattern design must be done in opposite. Since it is imprinted in the same manner of cutting the seal, all designs must be opposite and the Chinese characters requires special attention in the grafting.

At this point of time, the author felt sorry for the loss of traditional manufacturing technique of the Neunghwapan and Sijeonjipan. So, the author started the investigation. However, finding a person who could make Neunghwapan and Sijeonjipan was not successful. Therefore, the author referred to the collections of the Exhibition Hall of Youngnam University in order to reproduce the Neunghwapan and Sijeonjipan using birch tree.

연꽃문   15.5×26.7cm

▲ 국화문　16.3×21.5cm
▶ 국화문　14×29.5cm

매화나무문　15×29.8cm

▲ 불로초문　18.4×19.5cm
▶ 매조문　14×26cm
▶ 십장생문　15.5×22cm

의사군 매화문 6.9×13.7cm ㅣ 일일상추 국화문 6×12.2cm

원묵상신 석류문 11.2×25.3cm ㅣ 매소당 매화문 8.4×19.3cm ㅣ 매화문 9×17.5cm

▲ 국화문 15.7×22.5cm
▶ 기러기문 16.5×19.2cm

▲ 화문　14.5×21.5cm
▶ 모란문　10×18.7cm
▼ 연잎문　6.8×13.5cm

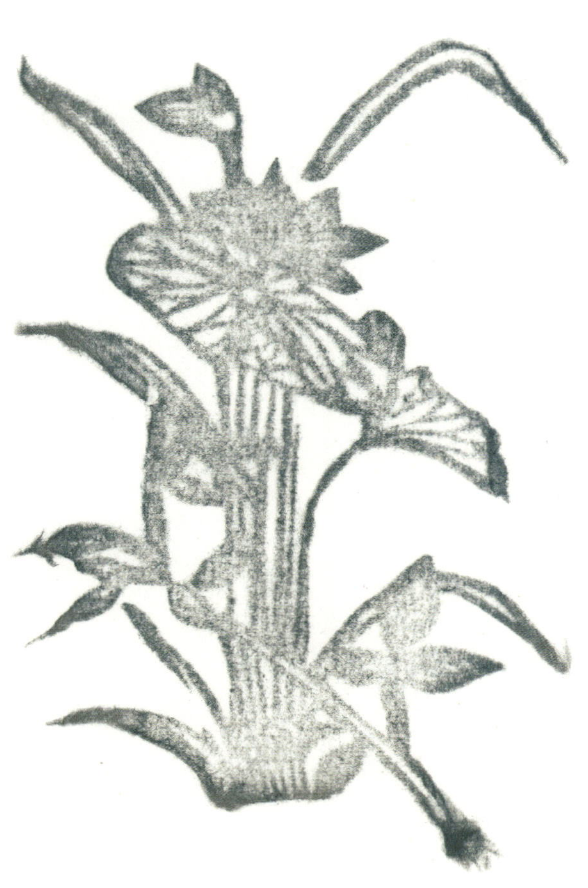

▲　동암신간 묵서 난초문　7×12.7cm
▶　나비문　13.5×27cm
▼　난초문　7×12.5cm

▲ 호작문 부적판　20×30.4cm
▶ 석류문 부적판　21×23cm

▲ 석류문 부적판　21×13cm
▶ 호작문 부적판　19.5×28cm

문양각

紋樣刻
Munyanggak

무늬의 양식은 크게 기하학적무늬, 식물무늬, 동물무늬, 자연무늬 등으로 나누어 볼 수 있으며 이들의 구성법은 모두 좌우상칭(左右相稱)과 리듬이라는 기초적인 예술법칙의 순리에 따라 이루어지고 있다. 기하학적 무늬에서 보이는 삼각형(三角形), 사각형(四角形), 능형(菱形), 지그재그형(雷紋) 등은 모두 직선에서 시작되며 원형(圓形), 파상형(波狀形), 와형(渦形) 등은 곡선에서 출발하지만 모두 좌우상칭(左右相稱)과 리듬의 법칙으로 근본도형이 만들어지는 것이다. 우리나라는 예전부터 문양각(紋樣刻) 작업을 하였고, 문양각은 주로 일상생활에서 사용할 수 있는 도구의 역할을 하였다. 나무로 만든 문양각은 주로 능화판(菱花板), 시전지판(詩箋紙板), 부적판(符籍板) 및 떡살과 다식판(茶食板) 등으로 이루어져 있다.

능화판과 보판은 책의 표지를 만드는 문양각으로 책의 표지를 아름답게 표현하는 역할을 하고 보판은 옷에 무늬를 찍는 판으로도 역할을 하였다. 그 외 주술적인 의미로 부적판(符籍板)을 만들어 사용하기도 했는데, 지금에 와서는 이러한 것들은 사라지고 만드는 제작 방법마저 그 맥이 끊어진 상태이다. 현재는 우리의 무늬가 있는데도 불구하고 무늬를 수입해 사용하고 있는 실정이다. 그 이유는 이 시대에 맞는 무늬가 별로 없다는 점과 무늬의 중요성과 이념을 크게 생각하고 있지 않기 때문이라고 여겨진다.

이러한 현실을 감안하여 저자는 10여 년 동안 200여점의 새로운 문양을 만들었다. 꽃, 곤충, 동물, 풍속 등을 중심으로 작업하였으며, 조각은 전통기법으로 망치와 창칼을 주로 이용하였고, 바닥처리는 평도와 둥근칼을 이용하였다. 주제를 살리기 위해 여백은 염색을 하였으며, 상감작업을 곁들이기도 하였다. 무늬의 바닥 처리는 여러 가지 기법을 사용하였으며, 염색 또한 다양한 색을 섞어 중간색을 내기도 하고, 한 작품에 서너 번씩 색을 입혀 색의 변화를 주기도 하였다. 주로 아크릴 물감과 포스터 칼라, 먹물을 사용하였으며 나머지 여백은 기하학적인 무늬로 조화를 이룰 수 있도록 하였다. 사포는 320번, 칠은 무광 래커로 마무리하였다.

음양오행의 원리와 자연의 이치에 어긋나지 않도록 지속적인 연구를 거듭하며 작업을 수행했으며 주제와 부주제를 기본으로 하여 우리 선조들이 주로 사용했던 무늬를 중심으로 벽걸이 감상용으로 작업하였다. 우리나라에서 자생하는 은행나무, 느티나무, 가죽나무, 벚나무와 그 외 잡목을 사용하였다.

The styles of the pattern can be classified into geometric pattern, plant pattern, animal pattern, and nature pattern in large. All of these patterns are composed in accordance with the flow of basic artistic principles of bisymmetry and rhythm. All of the triangular shape, square shape, rhomb shape, and zigzag shape in the geometric patterns start from straight line whereas circle shape, wave shape, and whirlpool shape start from curved lines. However, all of root figures are composed in accordance with the principle of bisymmetry and rhythm. Munyanggak has been created from old times in our country and Munyanggak mainly served as tools which can be used in the daily lives. The wooden Munyanggak is usually composed of Neunghwapan, Sijeonjipan, Bujeokpan, Tteoksal, Dasikpan and so on.

Neunghwapan and Bopan are Munyanggak used for creating the cover pages of the books with a role of expressing the cover of the book beautifully . Also the Bopan was used as a printing plate to imprint patterns on the clothes. Besides, our ancestors created Bujeokpan(charm board) with shamanistic meaning which has been disappeared in the present and even the manufacturing technique has also been disappeared. We are currently importing patterns despite we have our own patterns because most of the patterns do not suit for the present and it is assumed that people do not value the importance and ideology of the patterns.

Considering such current reality, the author has created 200 pieces of new patterns for 10 years. The main themes are flowers, insects, animals, and customs. The traditional technique using hammer and small knife was used to sculpt whereas ledger blade and circular blade was used for floor treatment. The margins were dyed to emphasize the themes and inlay works were added on some pieces. The floor treatment of the pattern was done with different techniques and dyeing with multiple coating of colors was used in a piece and neutral color was created by mixing diverse colors. Mainly acrylic paints, poster colors, and inks were used, and the geometric patterns were engraved on the remaining margin for harmony. The 320 grit sandpaper was used and matt lacquer was used for finishing.

Continuous researches have been conducted during the process of the work in order to create pieces that do not fall out from the principle of the Five Elements and the providence of the nature. The principle of the Five Elements and providence of nature were considered as main theme and sub theme to create works with our ancestor's favorite patterns for the wall-hanging appreciation purpose. The used trees are Korean native trees such as ginkgo trees, zelkova, ailanthus, cherry tree, and scrubs.

십장생문, 만자문, 삼태극문, 돌림문   52×72cm

봉황문, 기하학적문   52×75cm

계수나무 토끼 두꺼비문, 만자문 47×72cm

▲ 삼족오문, 만자문　52×83cm
▶ 삼족오문, 기하학적문　52×83cm

보상화문, 단청문　49×94cm

삼족오문, 기하학적문   52×83cm

연꽃문, 물고기문, 파도문, 기하학적문　43×75cm

물고기문, 돌림문 42×64cm

▲ 모란문, 태극문, 만자문, 자리문 36×72cm
▶ 물고기문, 기하학적문 34×80cm

봉황문, 돌림문　52×83cm

연꽃문, 돌림문, 만자문   40×57cm

보상화문, 만자문　53×84cm

▲ 현무문, 귀갑문 34×85cm
▶ 현무문, 귀갑문 34×85cm

▲ 현무문, 귀갑문, 뇌문　35×77cm
▶ 현무문, 귀갑문　33×89cm

연꽃문　54×70cm

▲ 뇌문, 연꽃문, 국화문 30×50cm
▶ 보상화문, 돌림문 37×64cm

▶ 연꽃문, 국화문　61×95cm
◁ 연꽃당초문　64×94cm

삼족오문, 만자문   38×84cm

▲ 매화나무문, 까치문, 창살문　36×83cm
▶ 동백꽃문, 새문, 파자문　34×70cm

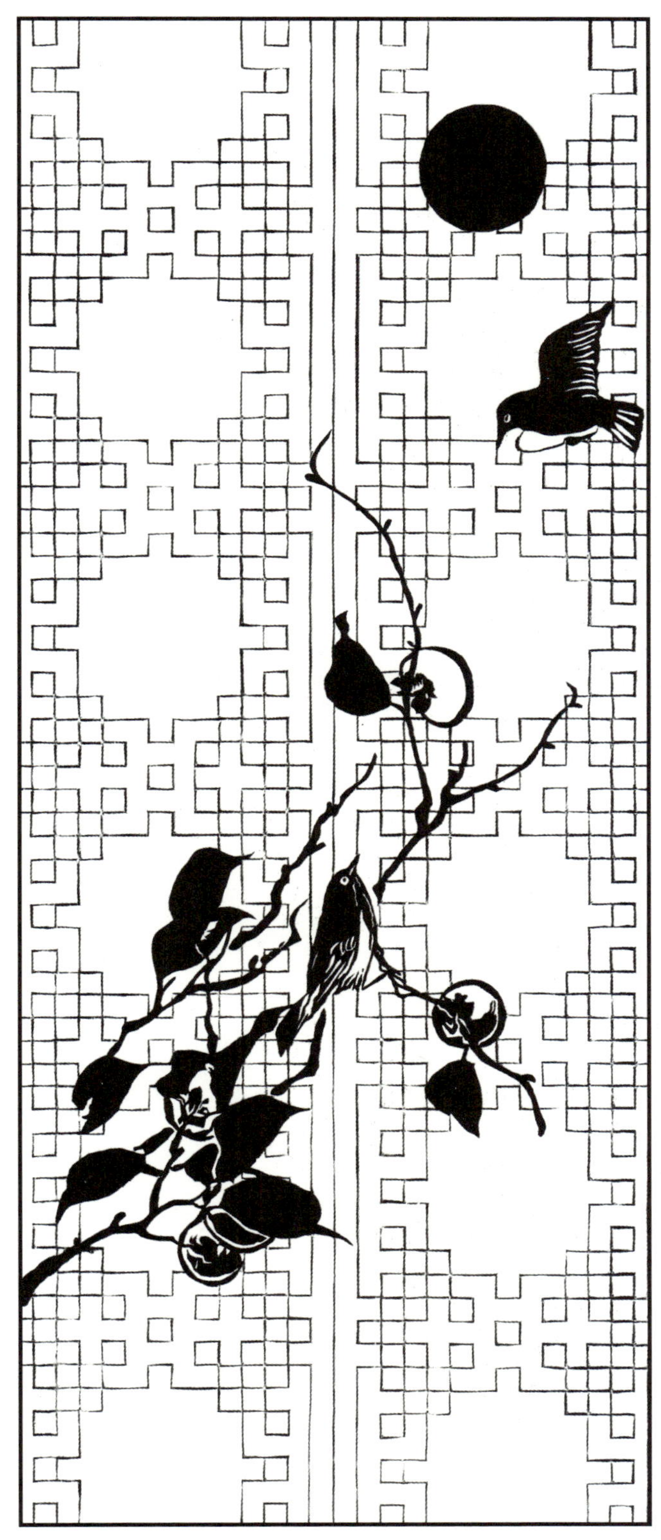

▲ 화조문, 창살문   37×79cm
▶ 기러기문, 파자문   34×65cm

▲ 삼족오문, 돌림문　45×75cm
▶ 삼족오문, 만자문　52×83cm
◁ 봉황문　42×53cm

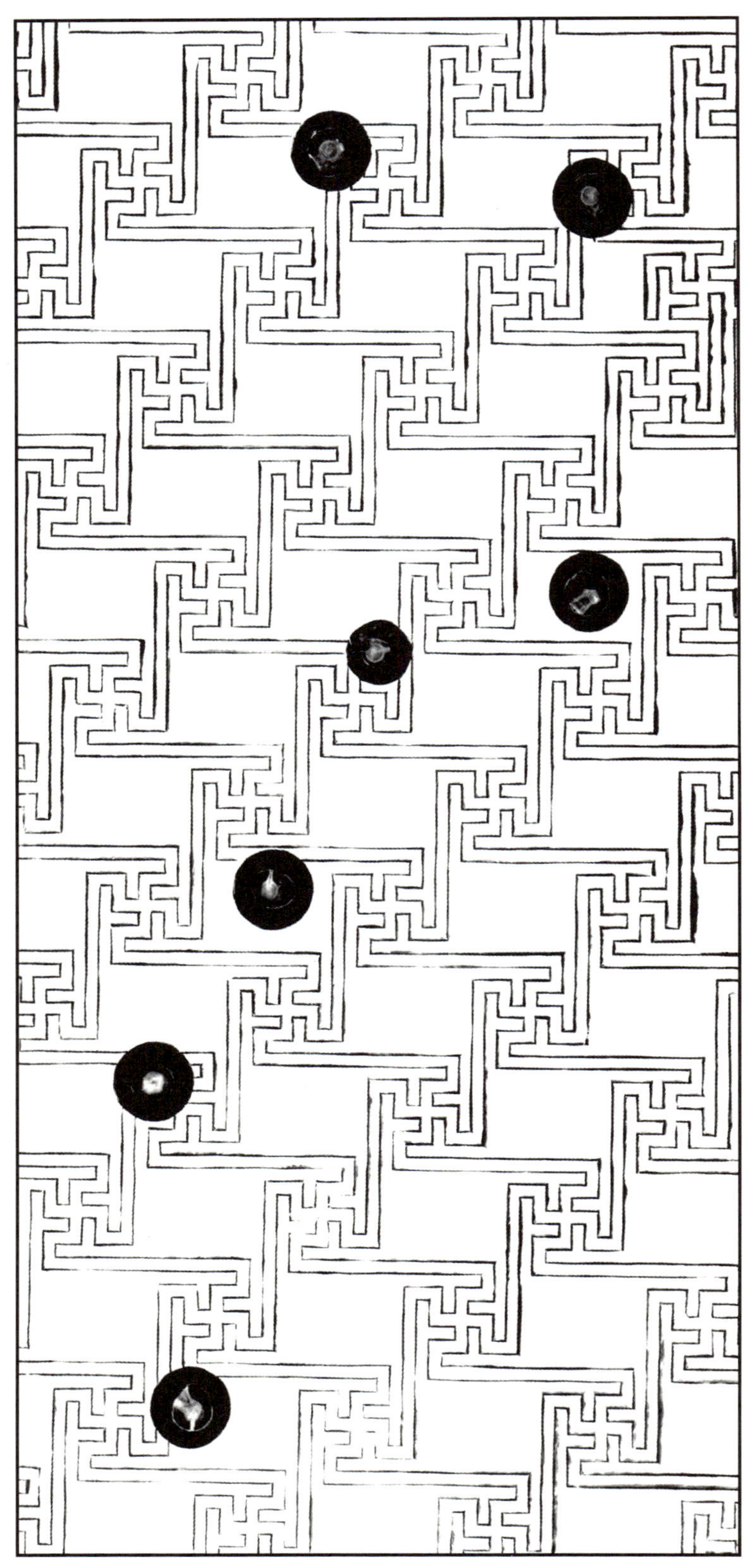
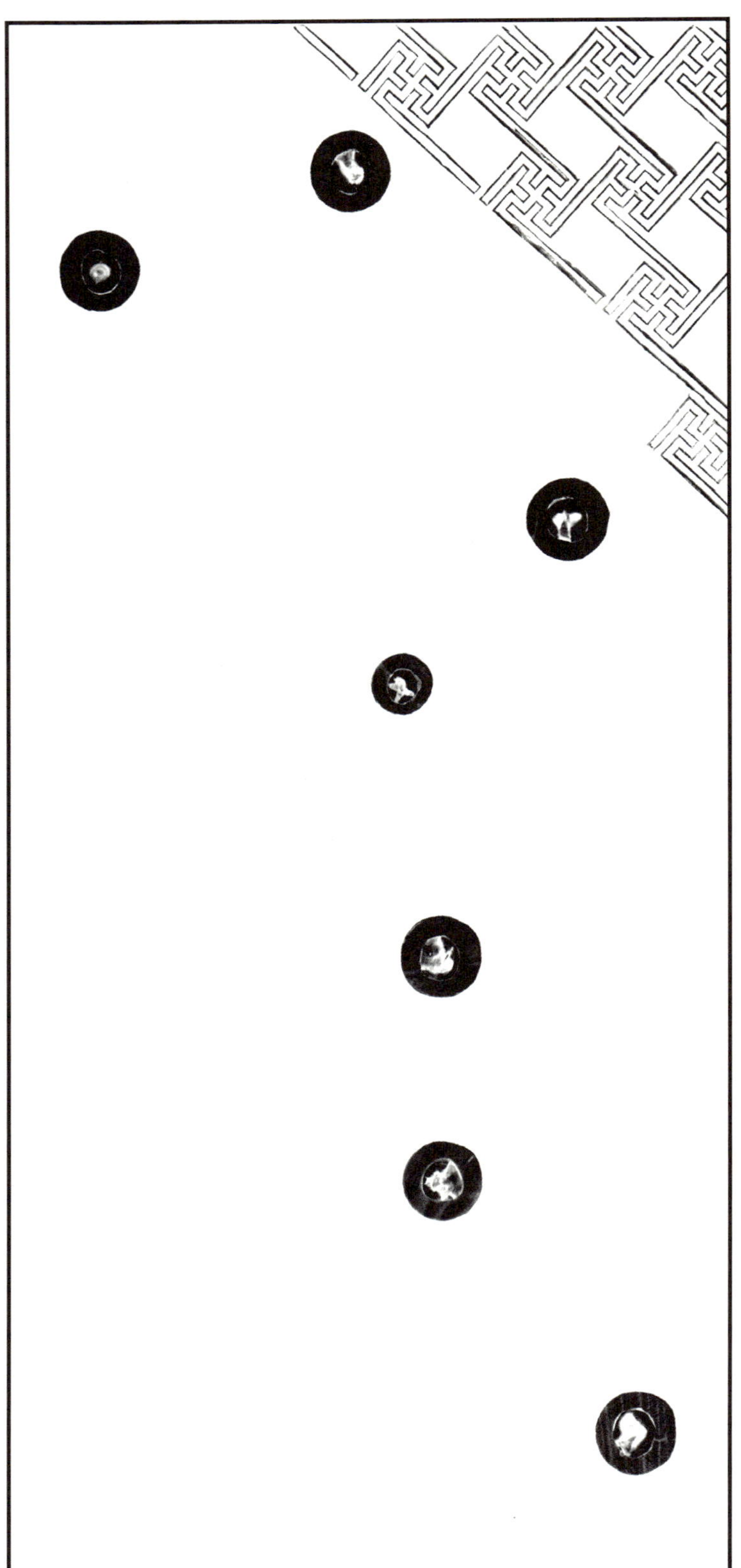

▲　북두칠성문, 만자문　43×83cm
▶　북두칠성문, 만자문　43×83cm

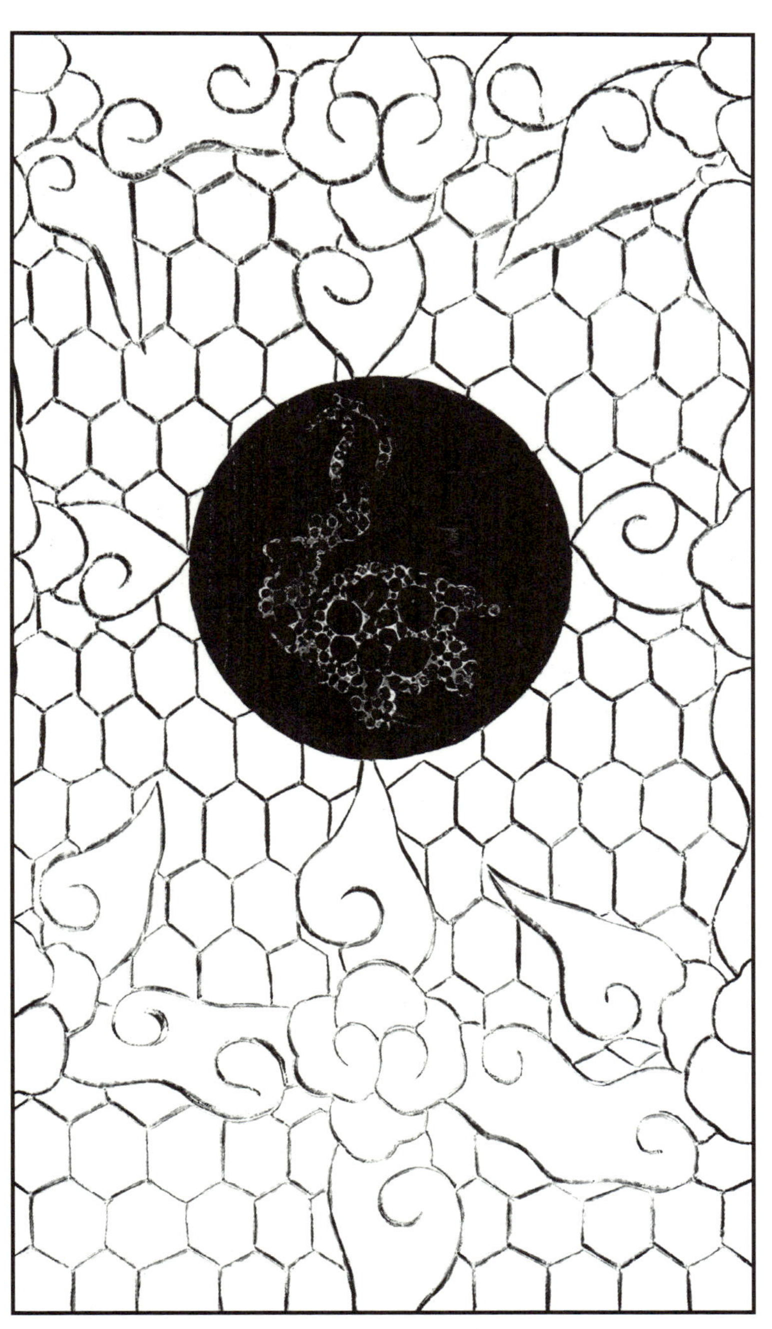

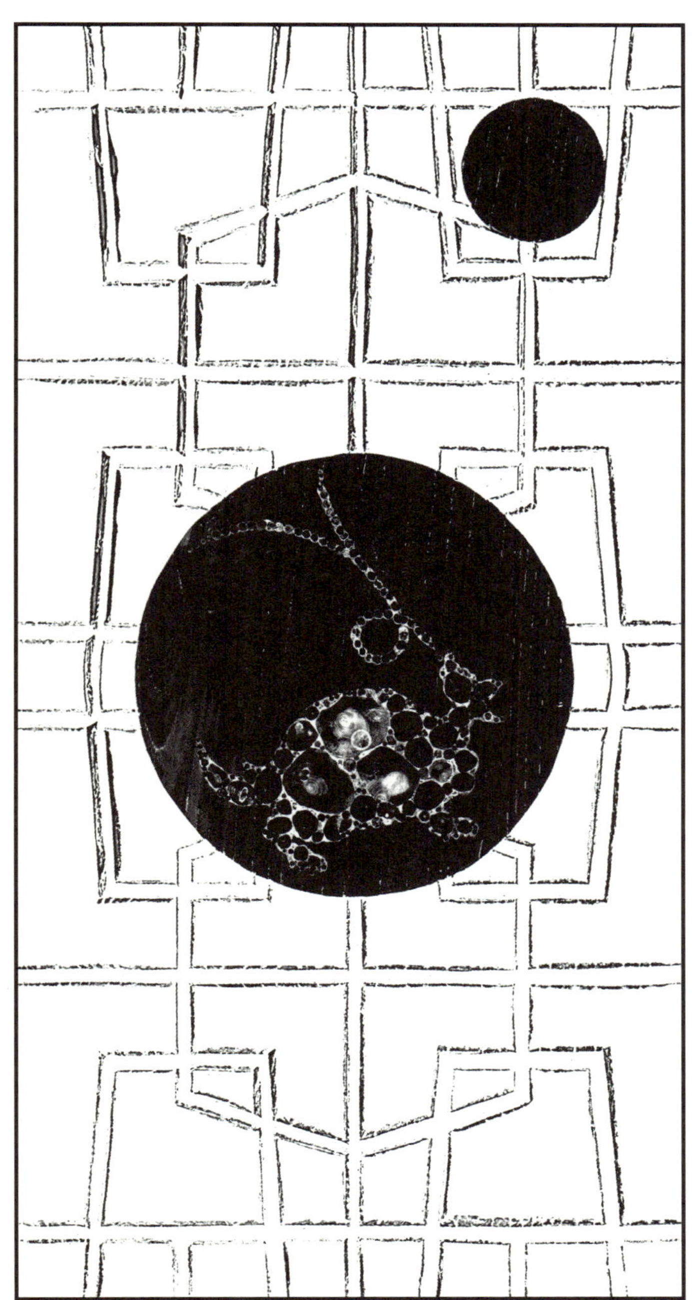

▲　현무문 상감, 귀갑문　35×60cm
◀　현무문 상감, 귀갑문　36×57cm

삼족오문, 만자문, 영롱문　52×83cm

송학문, 파도문   48×83cm

송학문, 자리문　43×83cm

게문, 만자문 45×84cm

계문, 만자문   33×65cm

소나무문, 돌림문　48×72cm

즐거울락자문, 연꽃문   45×75cm

보상화문, 단청문   49×94cm

▲　보상화문, 뇌문　94×94cm
▼　북두칠성문, 삼태극문, 수레차문　94×94cm

▲ 연꽃당초문　47×60cm
◀ 현무문, 귀갑문　32×84cm

▲ 학문, 만자문 46×68cm
▶ 송학문, 자리문 36×60cm

▲　연꽃문, 만자문　76×55cm
▼　쌍희자문　60×36cm

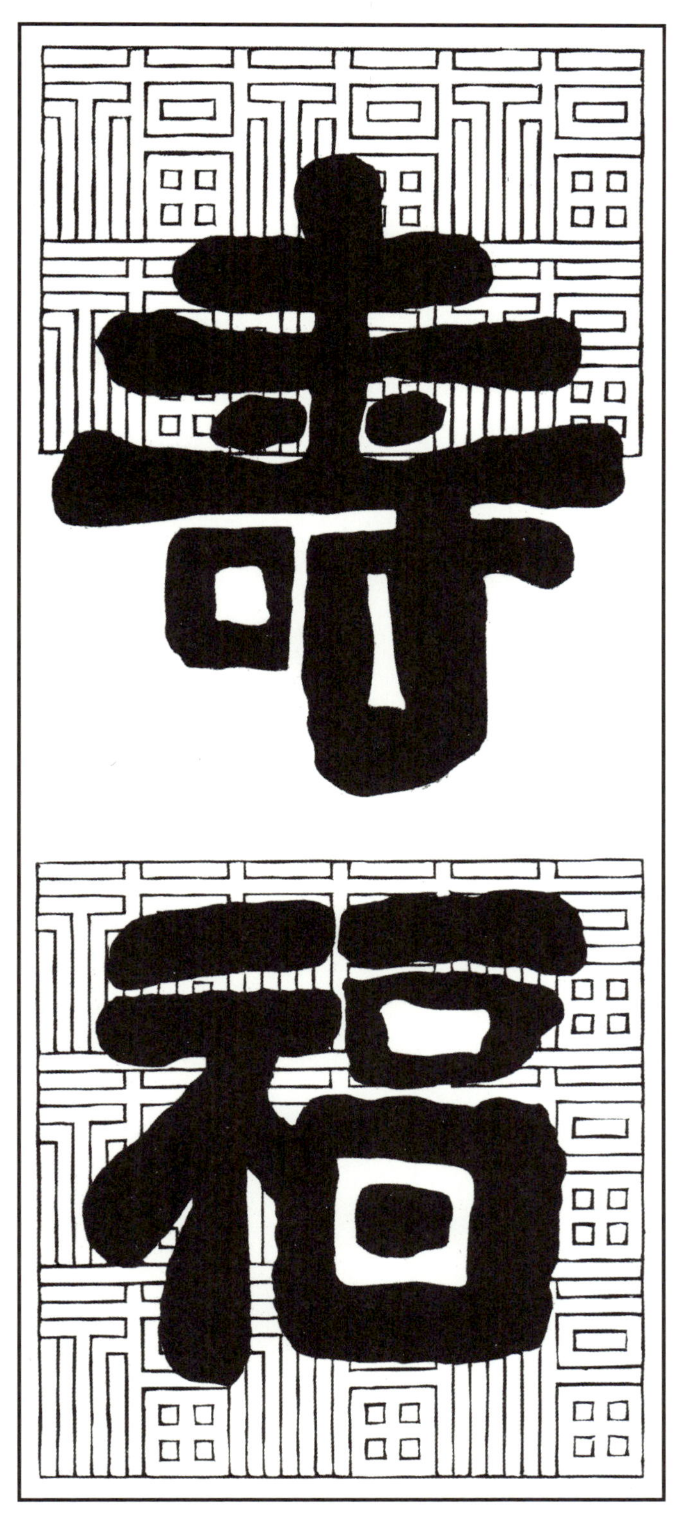

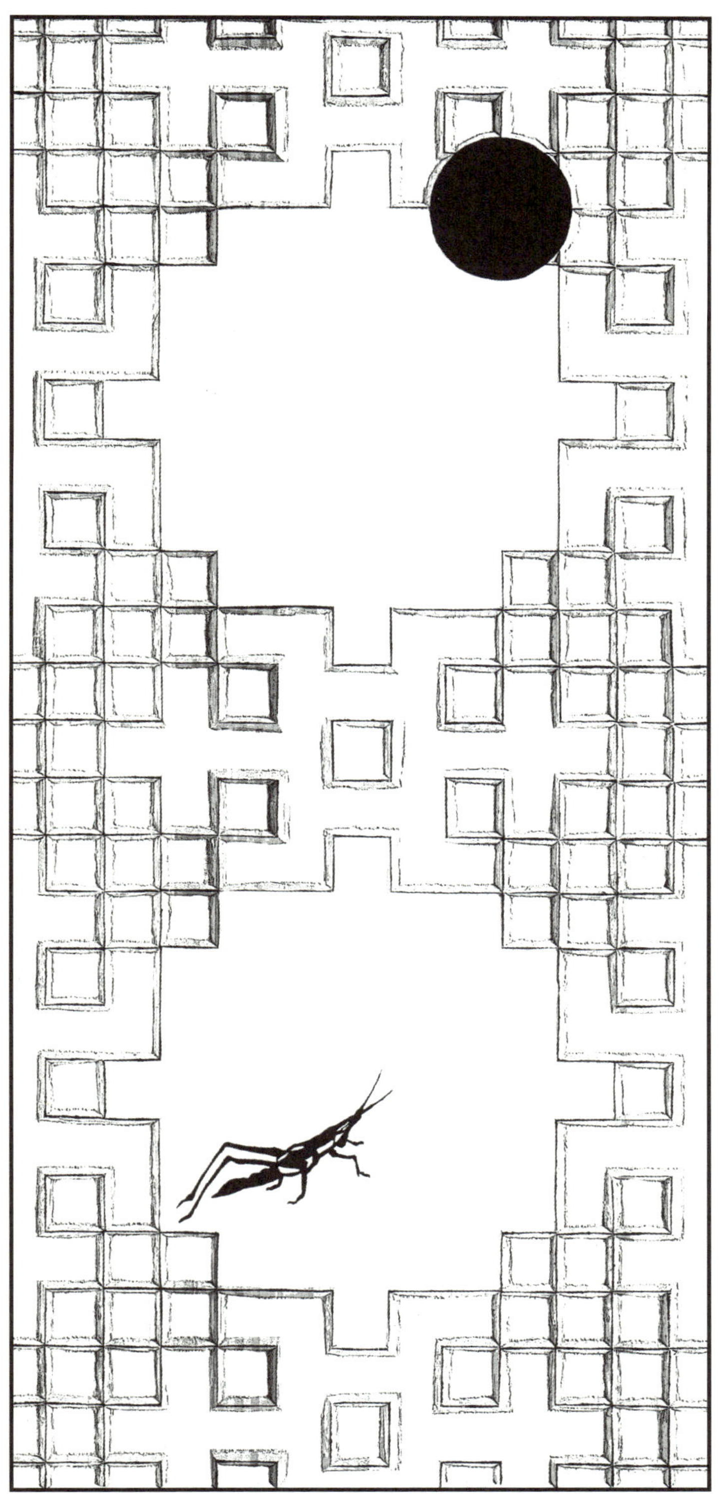

▲ 수복문 26×72cm
▶ 방아깨비문, 창살문 49×94cm

국화당초문, 돌림문 49×94cm

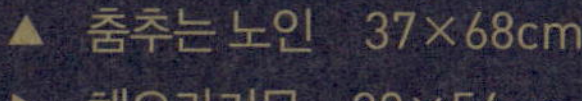
▲ 춤추는 노인   37×68cm
▶ 해오라기문   38×54cm
▶ 해오라기문   37×51cm

▲ 연잎문, 새문　26×65cm
▶ 달문(방아 찧는 토끼문), 기하학적문　52×83cm

부조

浮彫
Relief

부조(浮彫)는 평면상에서 요철 기복을 가한 조형표현으로 조소 기법의 하나이며 평면에 형상이 도드라지게 한다. 평면 위에 표현된다는 점에서는 회화에 가깝지만, 입체적인 감각으로 표현된다는 점에서는 조각의 일종이다.

형상이 돌출된 정도에 따라 고부조(高浮彫), 저부조(低浮彫), 반부조(半浮彫)로 구분된다. 고부조란 돌출된 부분의 두께가 다른 부분의 두 배 이상인 경우를 말하며, 반부조는 돌출 부위의 두께가 다른 부위의 반 정도 되는 경우를 말한다. 저부조란 이보다 돌출 정도가 훨씬 덜한 것이다. 동양에서 부조는 한대(漢代)의 화상석(畵像石)에서 그 원시적인 형태를 찾아볼 수 있다. 그 후로 그리스나 인도 부조의 영향을 받아 육조(六朝)에서 당대(唐代)에 걸쳐 발달하여 와전(瓦塼)이나 거울 뒷면의 장식 등에 사용되었다. 우리나라에서도 오래전부터 부조를 표현해 왔으며, 주로 반입체로 표현한 조각품들이 많이 있다. 부조는 외국문물의 유입에 따른 영향을 받아 해부학적으로 접근하여 이 시대에 많이 하고 있는 조각이다. 부조와 반입체는 완전히 다른 조각이므로 분리해서 작업하여야 한다. 부조는 사물 자체를 압축해서 표현한 작업이고, 반입체는 말 그대로 반만 조각하는 것을 말한다.

부조는 얇게 조각을 해도 입체감이 표현돼야 하기 때문에 어찌 보면 가장 어려운 조각이다. 이번 작품의 주제는 부조이고 나머지 옆 부분은 전통무늬를 중심으로 여러 가지 변화를 주어 문양각(紋樣刻)으로 표현하였으며, 벽걸이 감상용으로 작업하였다. 풍속, 동물, 성모상, 예수, 보살상, 꽃 조각 등 다양한 작품을 실었다. 나무는 은행나무, 느티나무, 가죽나무 외에 잡목을 사용하였고 대나무를 집성해서 사용하기도 했다.

주제가 되는 사물은 부조로 표현하였으며, 여백을 처리하면서 전통무늬를 주제로 의미를 같이 할 수 있게 무늬를 선별하여 작업하였다. 주위의 문양각에서도 여러 가지 조각 기법을 이용해서 바닥 처리를 하였으며, 무늬도 한가지만을 고집하기 보다는 특징을 살리기 위해 여러 가지 무늬를 섞어서 사용하기도 하였다. 또한 문양 자체에 많은 변화를 주려고 과감하게 여백처리를 하였으며, 한편으로 답답할 정도로 공간을 섬세하게 조각하여 변화를 주었다. 이번 부조 작업은 칼로 마무리를 하였으며 사포를 쓰지 않았다. 나무의 원색을 살려 작업하였으며 태는 사포 320번으로 마무리를 하였고 무광 래커로 칠을 하였다.

Relief is a formative expression with roughness. It is one of sculpture techniques which emphasizes the shape on a flat surface. It is close to painting in a sense that it is expressed on the flat surface but it is a type of sculpture in a sense that the expressions are made through three dimensional senses.

It is classified as high relief, low relief, and half relief depending on the projection of the shape. High relief is the case that the thickness of the projected part is more than twice of other parts, and half relief is the case where the thickness of projected part is about half of the other part. Low relief is the case with low degree of projection. The primitive shape of the Eastern relief can be found from the Hwasangseok(picture shaped stone) in the Han Dynasty. Afterwards, the relief developed through the Six Dynasties and Tang Dynasty and was used in the decoration for back of the mirror or roof tiles with influence from the reliefs from Greek or India. Relief has been expressed from long time ago in our country and sculptures are mainly expressed in half three-dimensional sense. Relief is a sculpture that is being widely made in this period with anatomical approach due to the influence from foreign cultures. Relief and half three-dimensional sculpture are totally different works which needs to be worked separatedly. Relief is a work that express object by compressing the object itself and half three-dimensional sculpture is literally sculpting half of the object.

Relief may be the most difficult sculpture because it needs to express sense of solidity despite the sculpture is thin. The main theme of this work is the relief and the sides were given variety focused on the traditional patterns and were expressed with Munyanggak. The works were created for wall-hanging appreciation purpose. Numerous works were created with themes of customs, animals, St. Marry, Jesus, Buddhist saint, and flower sculptures. Ginko trees, zelkova tree, ailanthus, and scrubs were used and complied bamboos were used sometimes.

The object of main theme was expressed with relief and the margins were filled with selected patterns with the theme of traditional pattern to share same meaning. The variety of carving techniques was used on surrounding Munyanggaks for floor finishing. The patterns did not cling to one pattern but different patterns were mixed and used to highlight the features. Also, bold margins were used to create diverse changes in the pattern itself. On the other hand, the space was suffocatingly but delicately carved to create changes. The relief work was finished by knife and sandpaper was not used. The primary color of the tree was highlighted through the work and the form is finished with The 320 grit sandpaper and coated with matt lacquer.

까치호랑이문   48×96cm

연꽃문, 잠자리문, 만자문　37×77cm

용문 44×96cm

▲ 고양이문, 나비문, 기하학적문   40×90cm

▶ 독수리문, 창살문   37×85cm

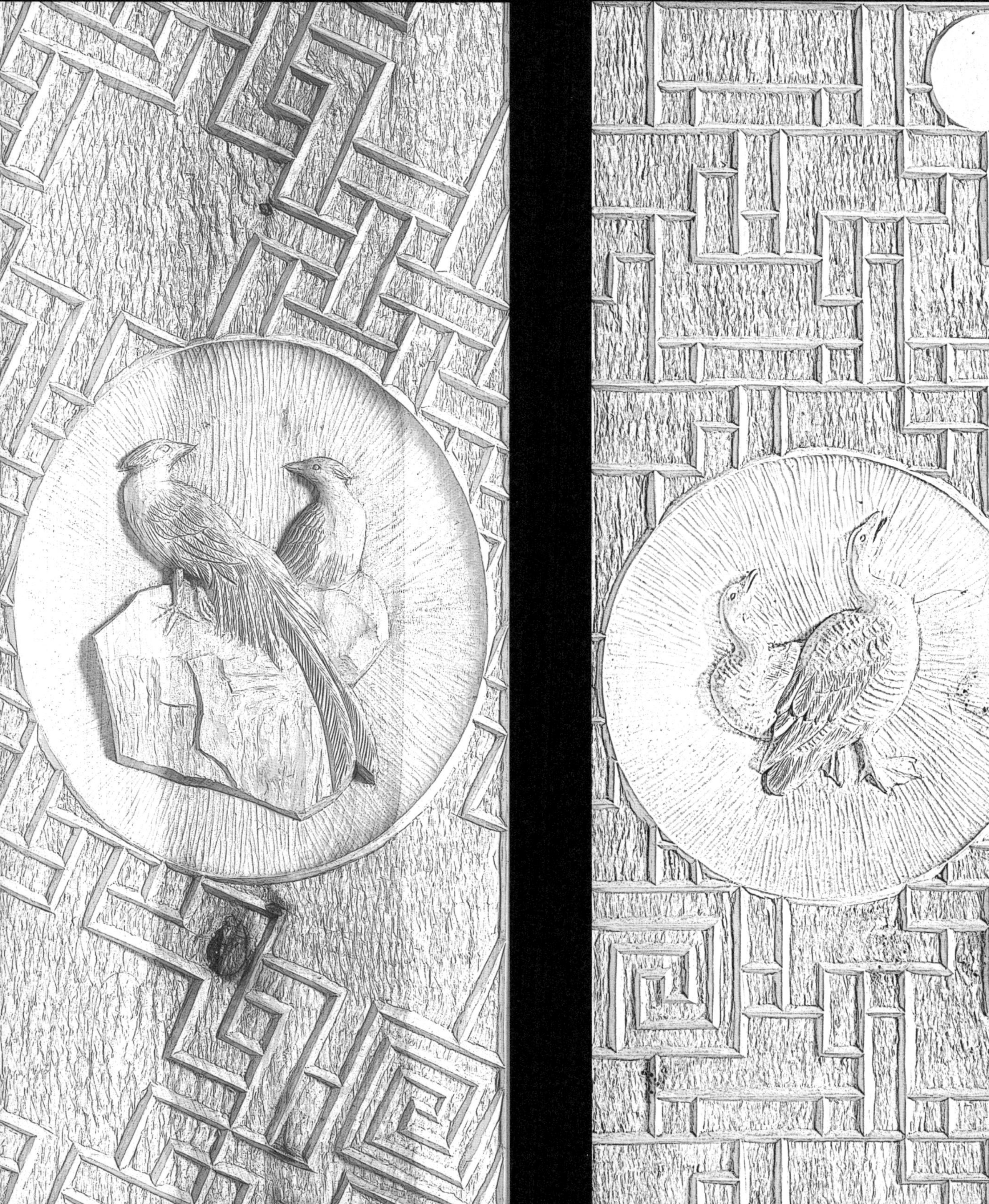

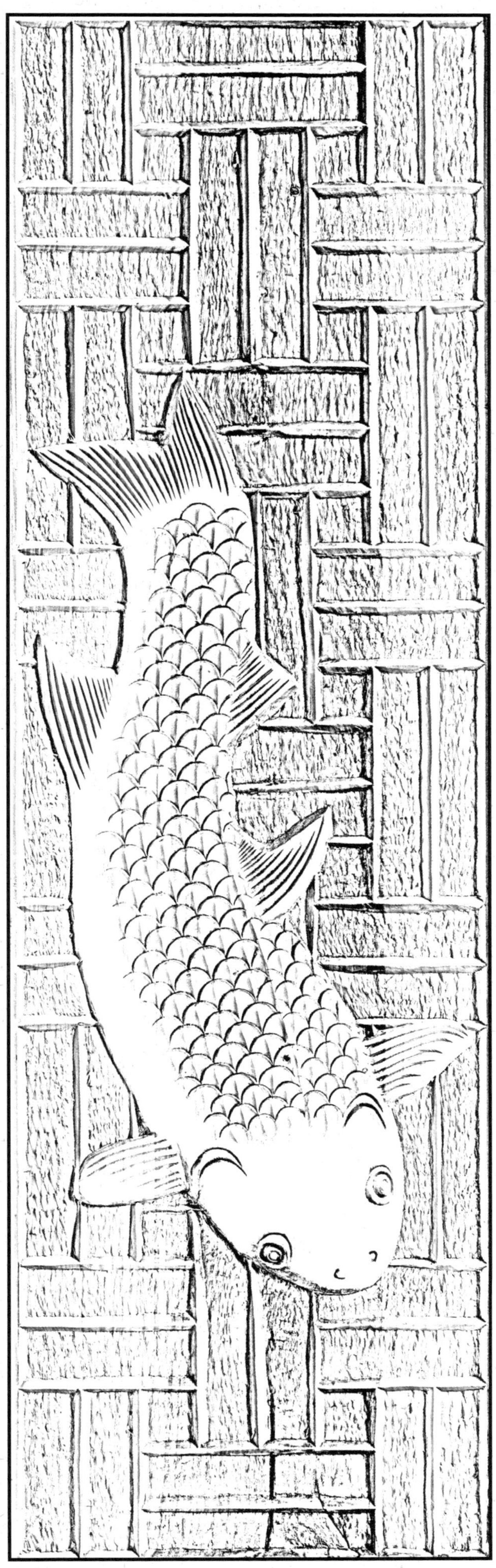

물고기문, 파도문 33×92cm

▲　말문, 기하학적문　34×92cm
▶　오리문, 기하학적문　30×75cm
▷　봉황문　44×88cm

마부, 기하학적문　40×95cm

까치호랑이문　52×97cm

현무문   56×88cm

독수리문, 기하학적문 39×92cm

▲ 선녀, 기하학적문   50×94cm
◀ 성모마리아, 빗살문   50×94cm

▲ 말 타는 선비, 만자문   42×75cm
◀ 말 타는 소년, 기하학적문   30×94cm

▲　단장하는 여인, 기하학적문　36×81cm
◀　훈장과 학동, 영롱문　35×77cm
▷　보부상, 기하학적문　32×67cm

▲ 독수리문, 기하학적문   37×85cm
◀ 말문, 돌림문   40×83cm

▲ 해오라기문, 기하학적문　30×67cm
▶ 송학문, 기하학적문　36×81cm

선녀, 기하학적문   50×94cm

보살상, 보상화문, 만자문 51×160cm

▲ 피리부는 소년, 창살문   37×85cm
◀ 판소리, 기하학적문   37×81cm

▲ 승무, 영롱문   37×70cm
▶ 선녀, 기하학적문   42×63cm

▲ 두꺼비 타는 동자   41×88cm
▶ 보살상, 보상화문, 원문, 만자문   50×94cm

▲ 예수상, 기하학적문   50×91cm
▶ 졸고 있는 행자승, 기하학적문   39×76cm

▲　선녀, 기하학적문　40×108cm
▶　선녀, 기하학적문　36×92cm

장구 치는 여인, 기하학적문 50×94cm

▲ 세마리 말, 기하학적문   95×42cm
▼ 졸고 있는 동자승, 기하학적문   89×40cm

▲ 해오라기문, 기하학적문 39×92cm
▶ 말문, 돌림문 40×90cm

▲ 성모마리아, 기하학적문　50×94cm
▶ 성모마리아, 기하학적문　50×94cm

▲ 성모마리아, 기하학적문   50×94cm
▶ 성모마리아, 기하학적문   50×94cm

▲ 신선과 동자, 기하학적문   39×67cm
▶ 살풀이, 기하학적문   31×74cm

▲ 차 만드는 여인 33×81cm
▼ 실 꼬는 여인 34×81cm

▲ 사슴 사냥 37×89cm
▼ 바느질 하는 여인 33×63cm

▲　양치기 소년, 창살문　36×81cm
▶　마부, 기하학적문　40×92cm

▲ 쥐신　30×39cm
▶ 토끼신　30×39cm
▶ 소신　30×39cm

▲ 호랑이신　30×39cm
▶ 용신　30×39cm

▶ 뱀신 30×39cm
◁ 말신 30×39cm
◁ 닭신 30×39cm
◁ 개신 30×39cm
◁ 돼지신 30×39cm

상감

象嵌
Inlay

상감(象嵌)은 공예품에 장식을 가하는 기법의 일종이며, 소재의 표면을 새겨 그 부분에 상감 재료를 끼워 넣고 무늬를 나타내는 기법이다. 금속공예나 도자기공예에서 많이 쓰이고 나무나 유리 등에도 사용된다. 상감재로는 돌, 조개껍질, 뼈, 뿔 등이 있다. 상감의 역사는 매우 오래되어 이미 메소포타미아의 초기왕조시대에 조개껍질을 상감재로 사용한 예를 볼 수 있다. 고대 이집트에서는 상아를 박아 넣는 수법이 널리 사용되었는데 이후 유럽 공예의 가식법으로 정착되어 오늘에 이른다. 중국에서는 상감이 춘추·전국시대에 시작하여 한대에 성행하였으며 청동제의 용기, 띠, 갈고리, 마차 쇠붙이 등에도 사용하였다. 우리나라에서는 검이나 창에 금상감을 하였다. 또한 목칠기 표면의 바탕에 나전을 상감하는 기법도 있다. 대표적으로 고려시대의 상감청자(고려청자)와 근세의 화각(畫角)공예 등이 있다.

이번 작업에서는 기존의 상감기법을 벗어나 평면으로 사용하지 않고, 나이테를 살리기 위해 직면으로 사용하였다. 이 기법으로 무늬 자체가 원으로 표현되었으며 이것이 이번 상감의 큰 특징이다. 이번에 실린 작품은 먹감나무, 느티나무, 흑단 바닥에 향나무, 자두나무, 대나무, 자작나무로 상감 처리 했으며 나비와 연꽃을 주제로 작업하였다. 그 외에도 봉황, 현무, 추상 등을 이용하여 여러 가지 상감을 하였으며, 상감의 깊이는 10mm에서 25mm 정도로 박았고 상감의 마무리는 2mm 너비로 처리했다. 박아 넣은 상감 나무의 크기에 따라 무늬가 다르고 나무에 따라 질감이 달라 여러 가지 변화를 줄 수 있었다. 또한 과감한 나무 크기의 변화로 이질적인 조화를 이룰 수 있도록 하였다. 먹감나무는 나무 무늬를 살리면서 상감하였으며 잘 어울릴 수 있도록 작업하였다. 흑단 바닥의 상감은 여러 가지 재료를 사용하였으며 색을 맞추려고 노력하였고 추상적인 표현도 곁들였다. 이번 상감에서는 주제와 부주제로 구분하여 작업하였다.

나무의 상감기법은 2가지가 있는데 나무를 박아 상감하는 방법과, 목분(나무가루)을 채워서 상감하는 방법이 있다. 목분 상감은 섬세한 상감을 할 때 주로 사용하며 이번 작업에서는 두 가지 기법을 같이 사용한 작품도 있다.

먹감나무는 무늬를 먼저 보고 어떤 무늬를 박아 넣을지 고민하였고, 먹감나무 무늬가 주제가 되기도 하고 부주제가 되기도 하였다. 먹감나무 무늬와 상감 무늬의 여백을 적절히 살리기 위해 나무의 재단을 여러 가지 각도로 하여 상감하였다. 나무의 크기와 모양새에 따라 선별하여 사용하였으며, 나무를 사선으로 재단하여 나이테에 변화를 주었고, 상감의 색을 맞추기 위하여 여러 가지 나무를 이용하였다. 나뭇결을 살리기 위해 사포는 600번으로 하였으며, 무광 래커칠을 스무 번 이상하여 마무리하였다.

Inlay is a kind of technique to add decoration to handcraft by engraving the surface of the material and inserting the inlay material into the parts to represent the pattern. It is widely used in the metal crafts and pottery crafts as well as wood or glass crafts. Stones, shells, bones, and horns are often used as the inlay materials. The history of inlay dates very far. So, the example of shell inlay is found in the early dynasty era of the Mesopotamia. The ancient Egypt widely used the technique of adding ivory which was resettled as the Gothic European craft technique later and inherited until today. In China, the inlay was started in the Warring States Period and prevailed in the Han Dynasty and it was used in the bronze container, band, hook, carriage irons. Our ancestors placed gold inlay to swords and spears. Also there's a technique to inlay nacre on the surface of wooden lacquer ware. The typical examples are inlaid celadon(Goryeo celadon) of the Goryeo Dynasty and modern view angle crafts.

In this work, I did not use the existing inlay techniques of using flat surface and used right angled surfaces instead to utilize the growth rings. The pattern itself was expressed in circle with this technique and it is the major characteristics of this inlay. The pieces in this work were inlaid on old persimmon tree, zelkova, and ebony floors with juniper tree, plum tree, bamboo tree, and birch tree. The major themes were butterflies and lotus. Besides, diverse inlays were done with Phoenix, Black Turtle, and Abstraction. The depth of the placed inlay was from 10mm to 25mm and the finishing was done with 2mm in depth. The pattern differs by the size of the placed inlay wood and the texture differs by different wood which created diverse changes. Also bold changes of the wood size created heterogeneous harmony. In the process of inlay, the old persimmon tree's pattern was utilized and harmonized with other patterns. The inlay on the ebony floor used diverse materials, attempted to match the colors, and added abstract expression. The main themes and sub themes were differentiated for this inlay.

There are two wood inlay techniques where one is to inlay by placing a wood and the other is to inlay by filling the wood powders. The wood powder inlay is mainly used to create detailed inlays. Some of the pieces in this work used both of the techniques.

The patterns of the old persimmon tree were considered in selecting patterns to be placed in and the old persimmon tree pattern was main theme in some pieces and sub theme in some other pieces. The margin of the old persimmon tree pattern and inlay pattern were appropriately utilized by inlaying the wood cuts in different angles. Different sizes and shapes of the wood were considered for selection, the wood was cut in diagonal lines to create changes in the growth ring, and numerous trees were used to match the colors of the inlays. The 600 grit sandpaper was used and more than 20 times of lacquering was done for finishing.

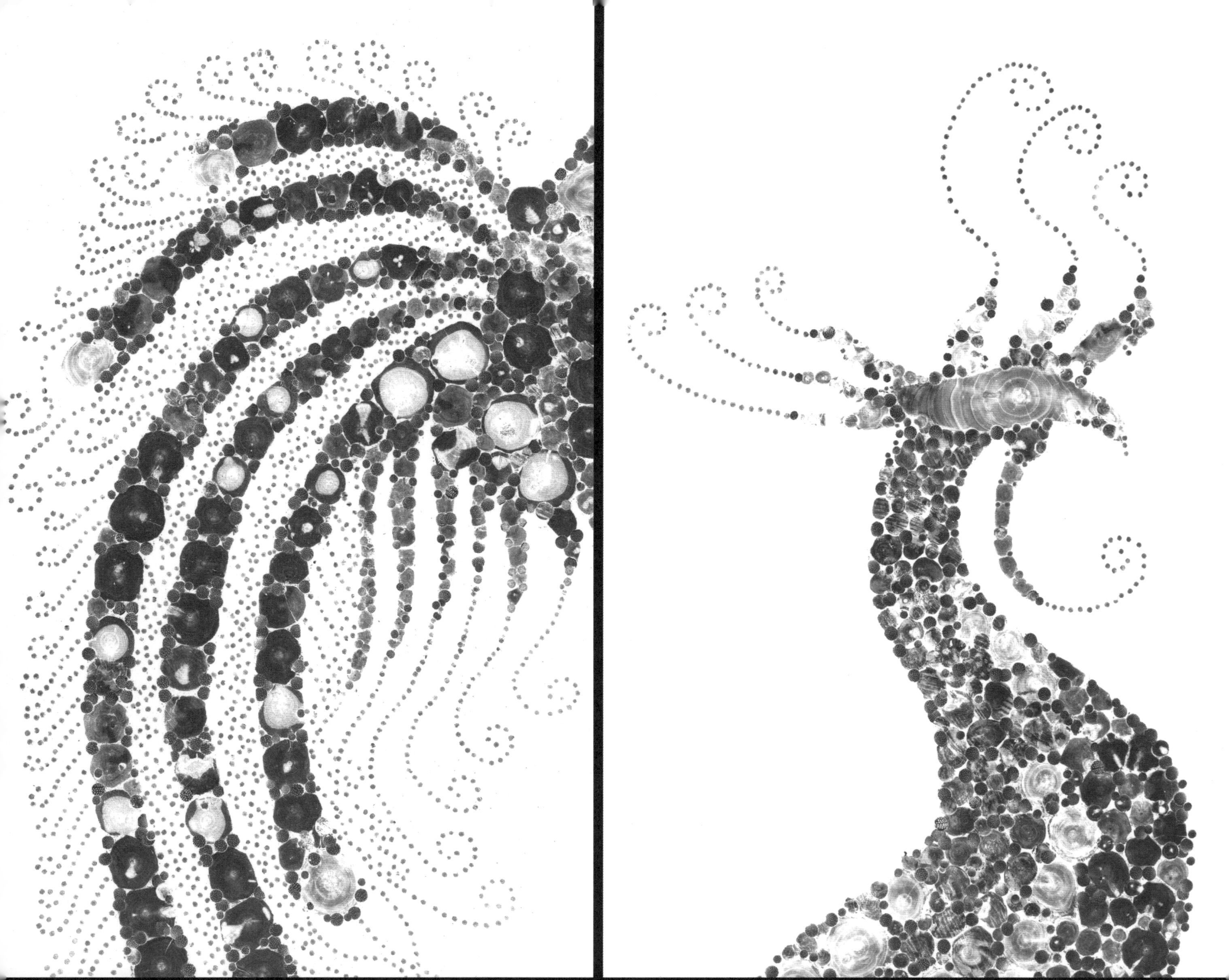

봉황문 53×92cm

현무문　53×92cm

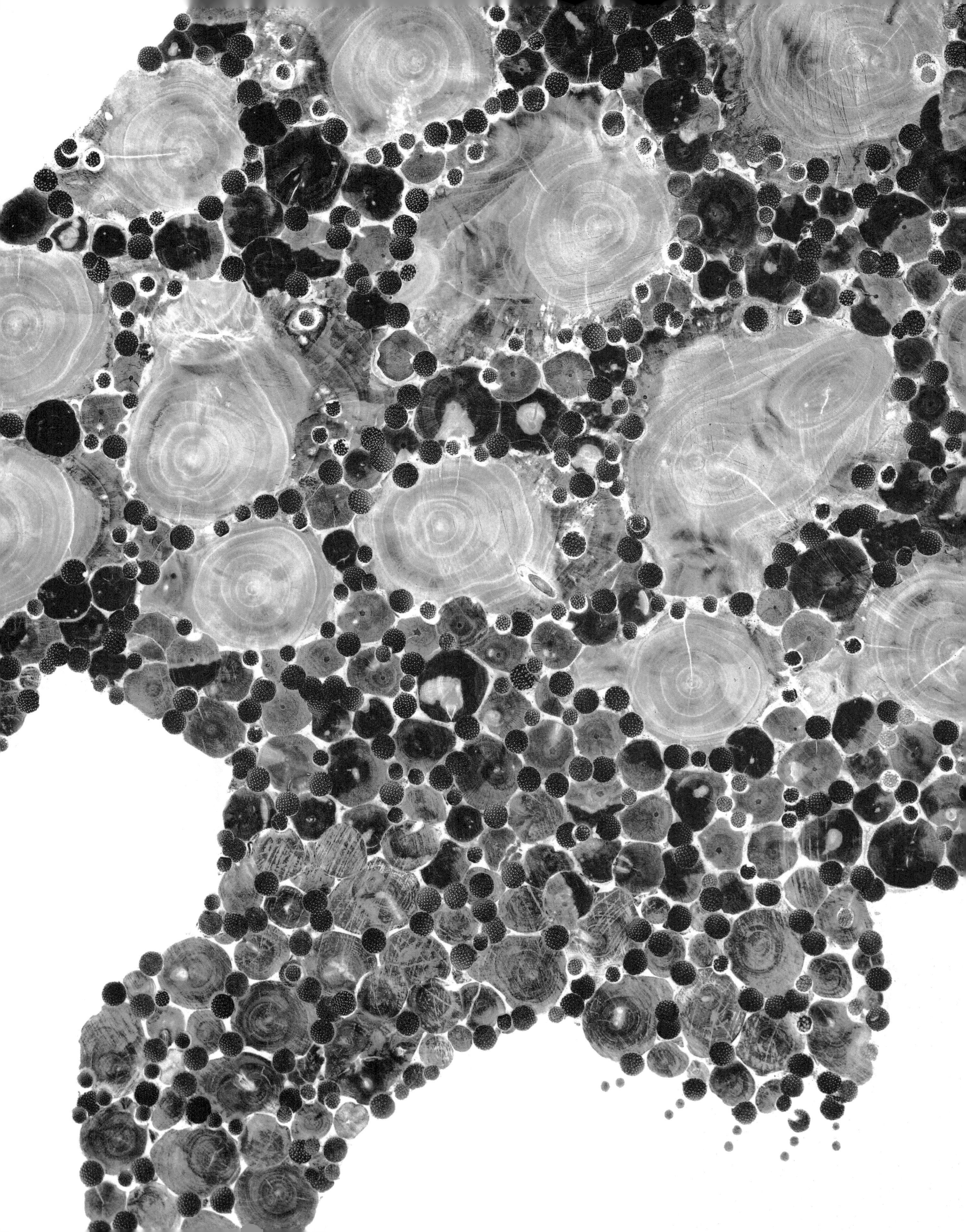

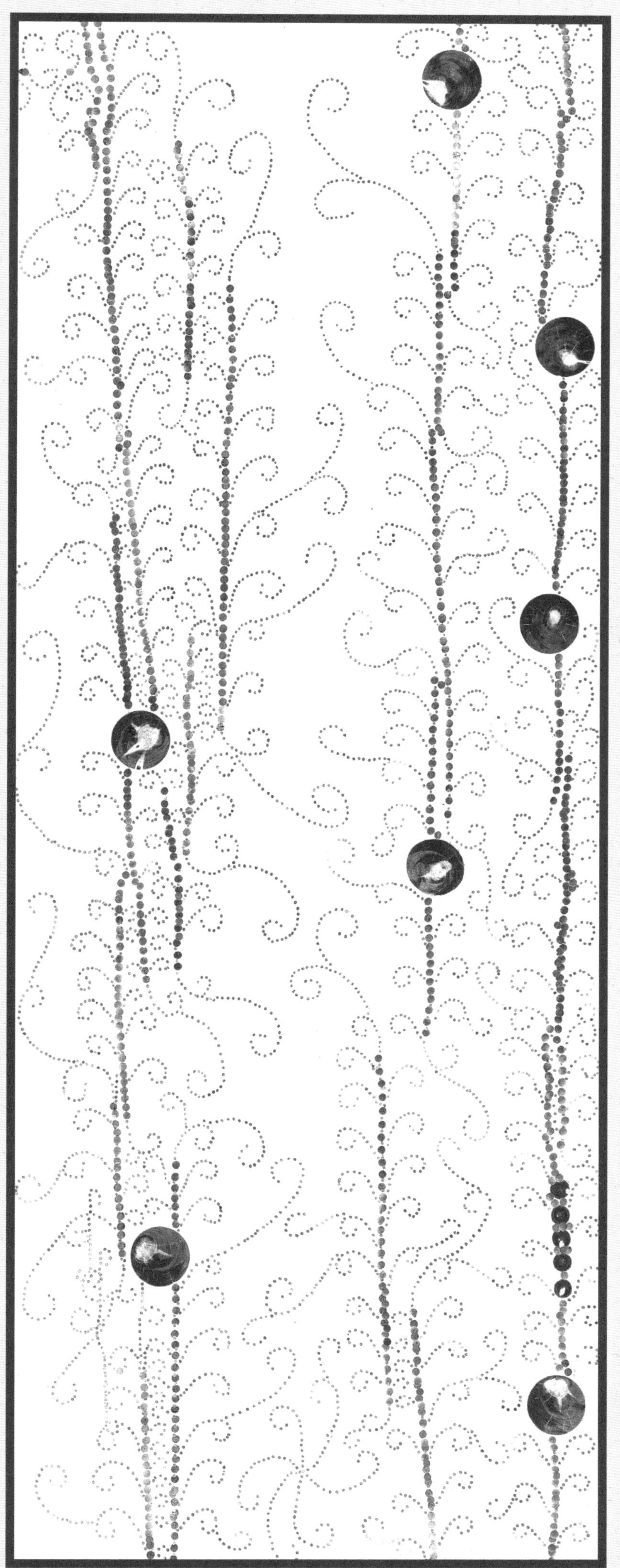

북두칠성문(겨울별자리), 당초문   40×97cm

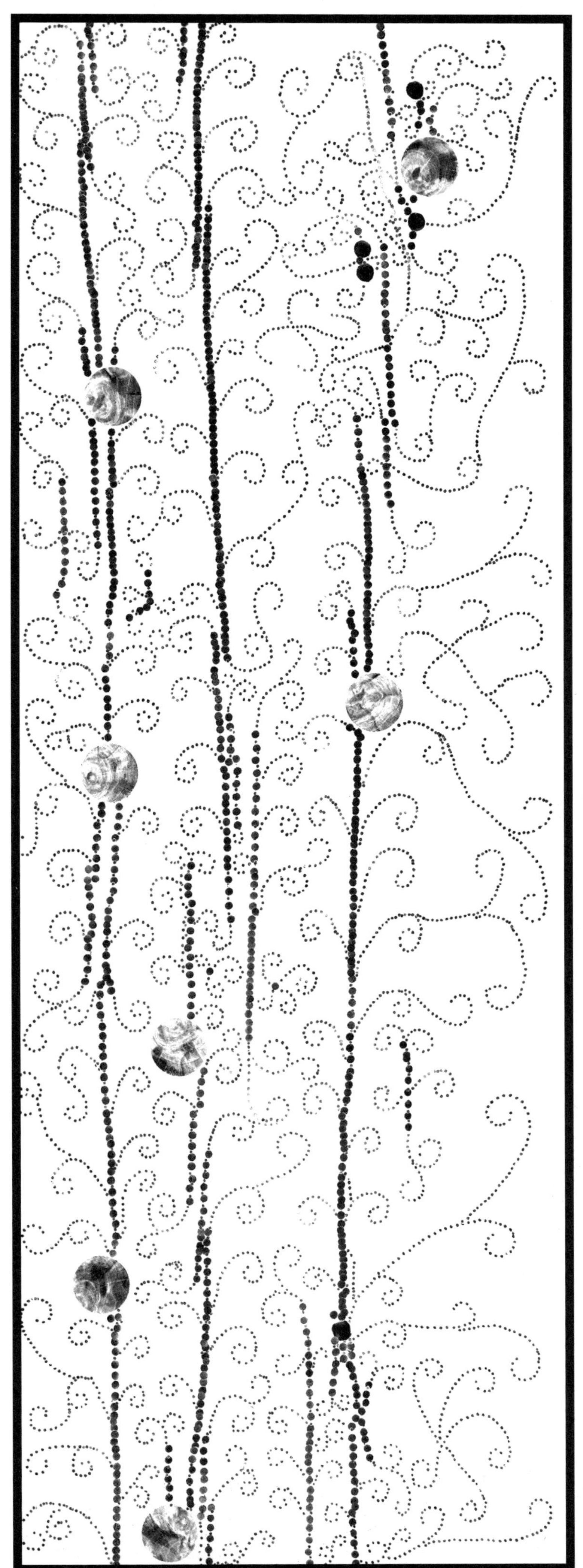

북두칠성문(여름별자리), 당초문　40×97cm

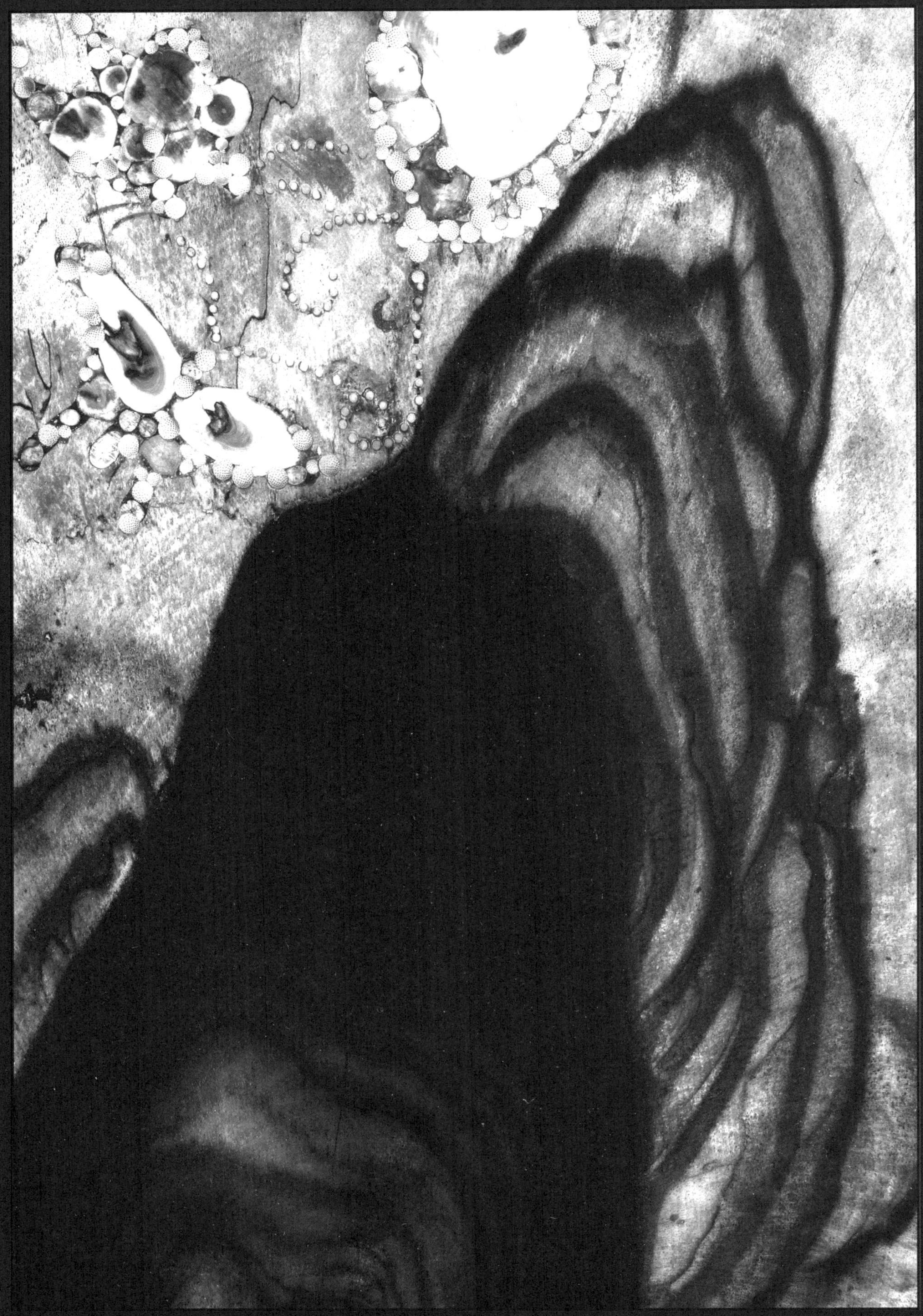

나비문　25×34cm

나비문 23×45cm

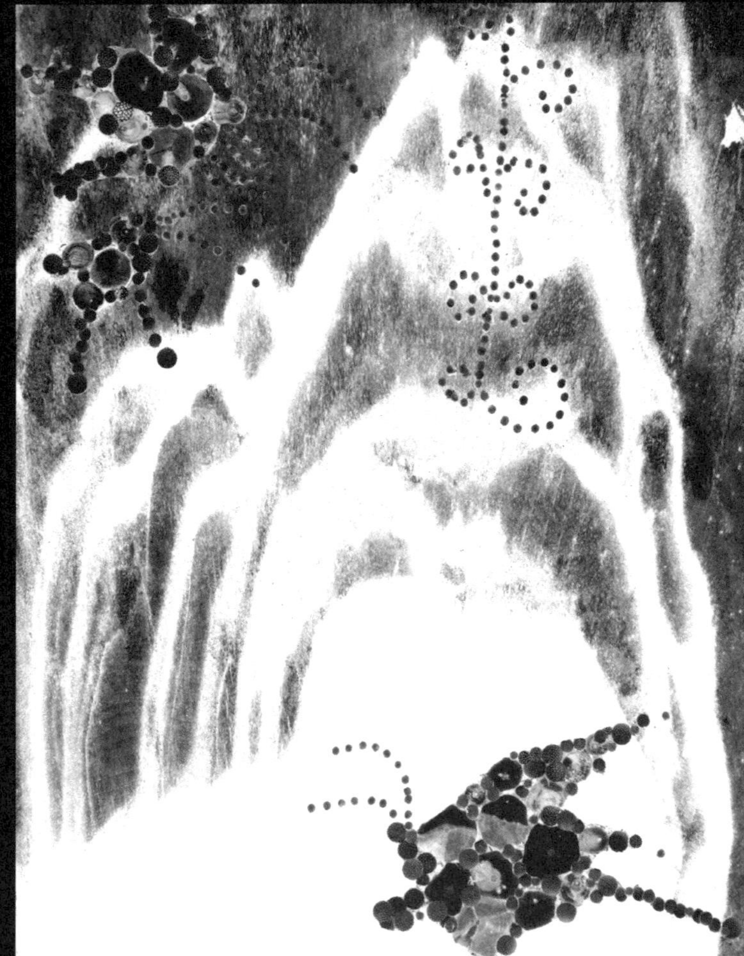

▲ 나비문 26×33cm
◀ 연꽃문, 해오라기문 22×47cm

연꽃문   26×65cm
파초문, 나비문   20×31cm

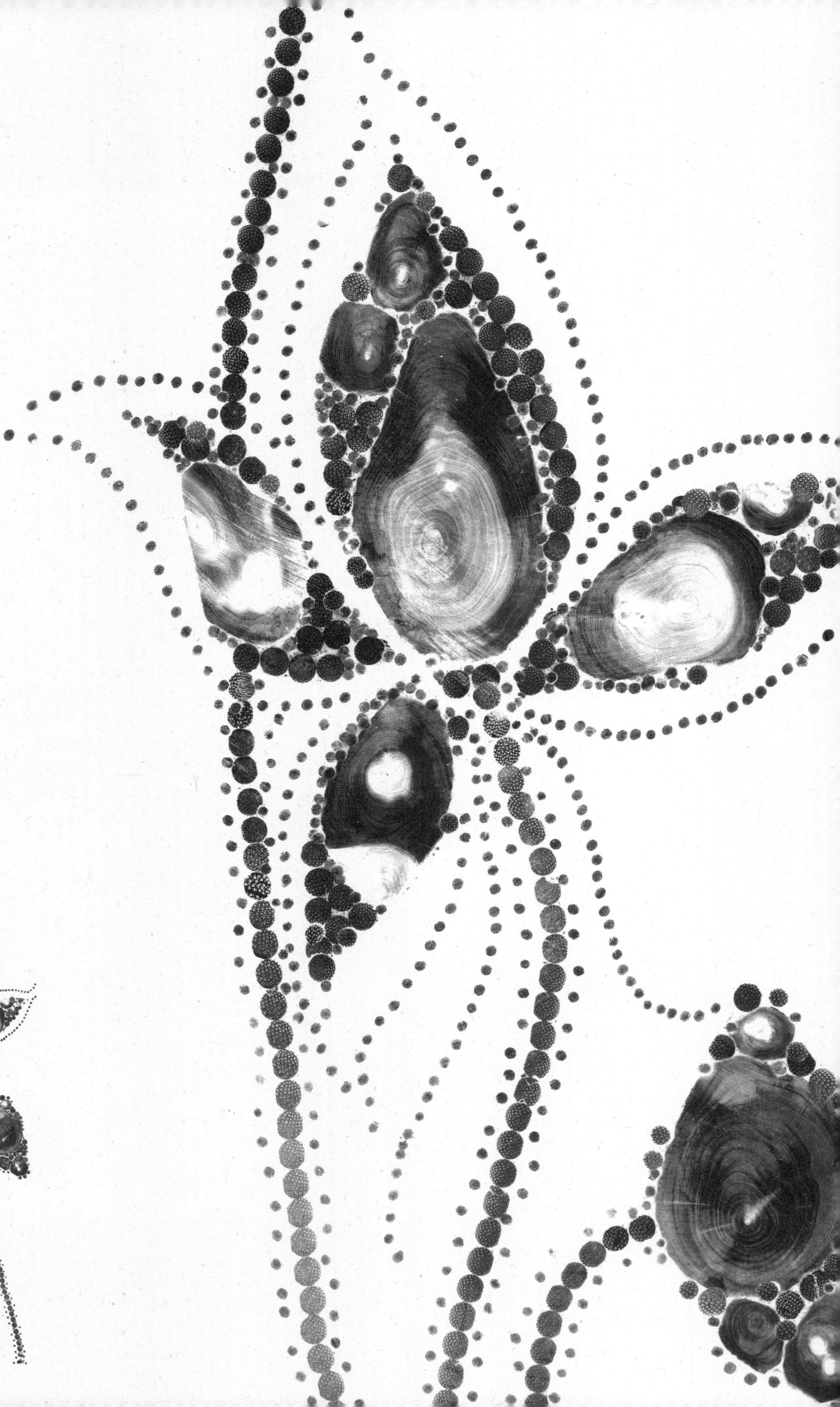

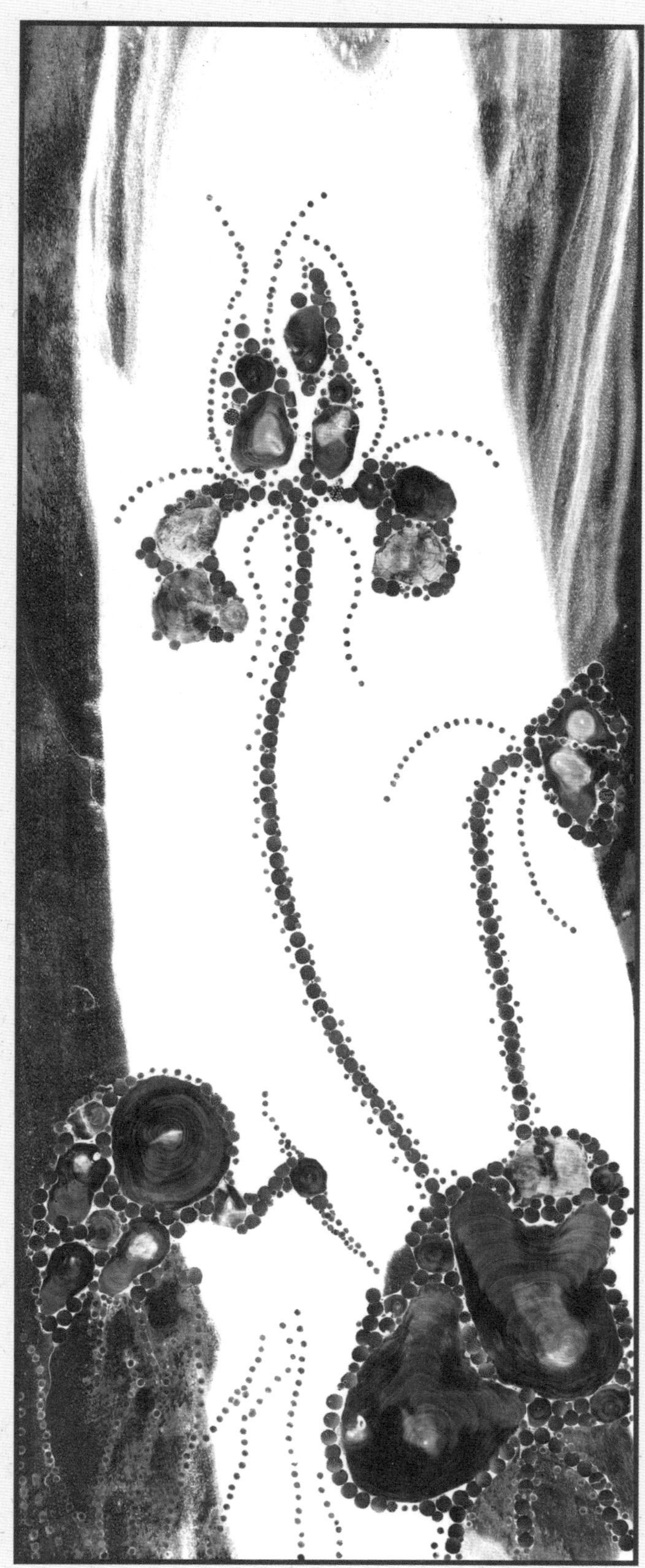

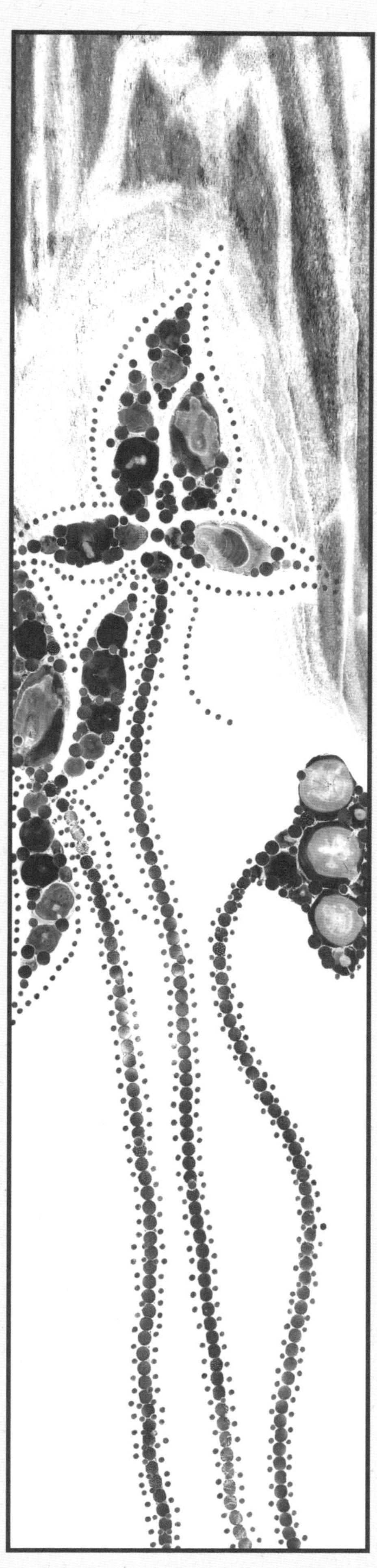

▲ 연꽃문, 해오라기문 23×51cm
▶ 연꽃문 ,16×57cm
◁ 연꽃문, 해오라기문 24×68cm

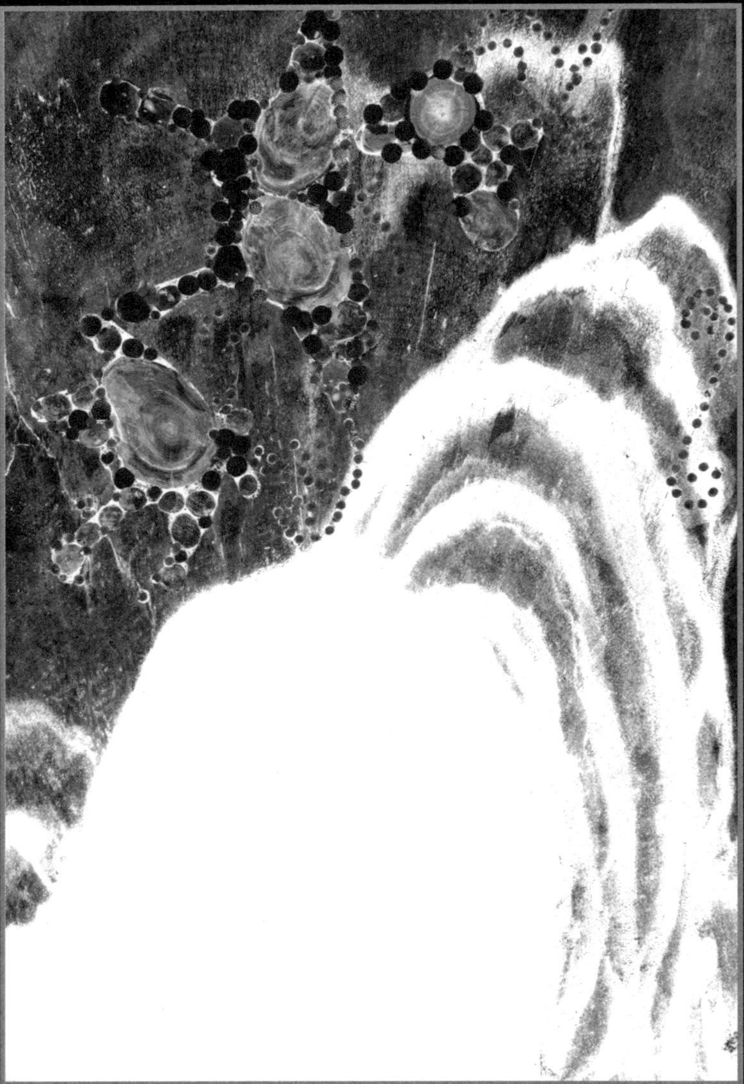

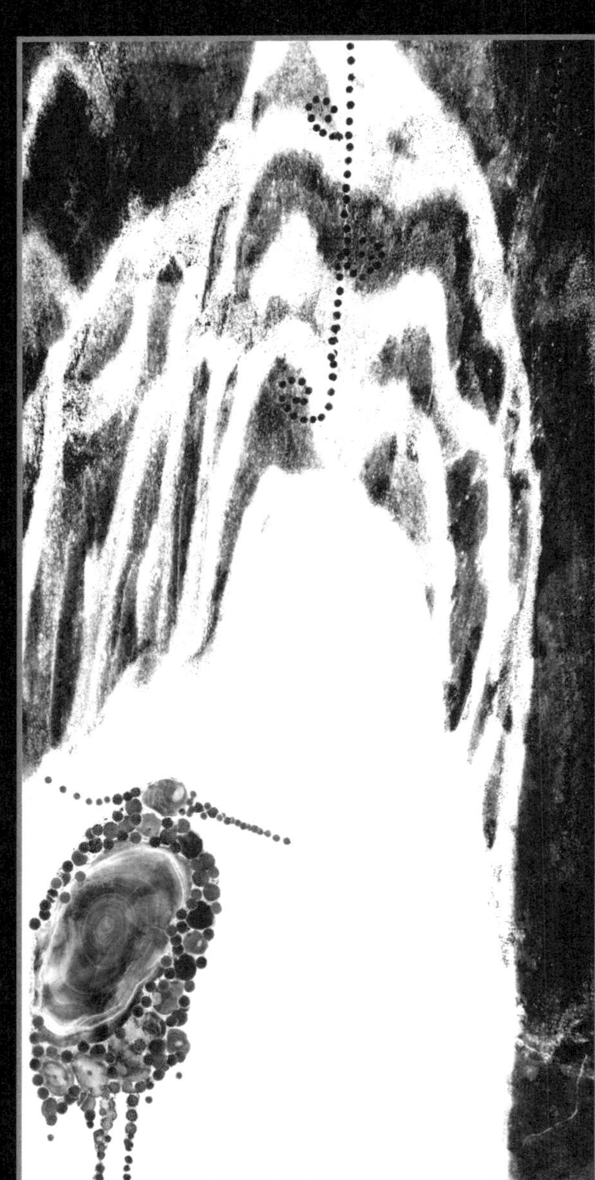

▲ 나비문　21×27cm

▶ 해오라기문　21×37cm

▷ 독수리문　18×36cm

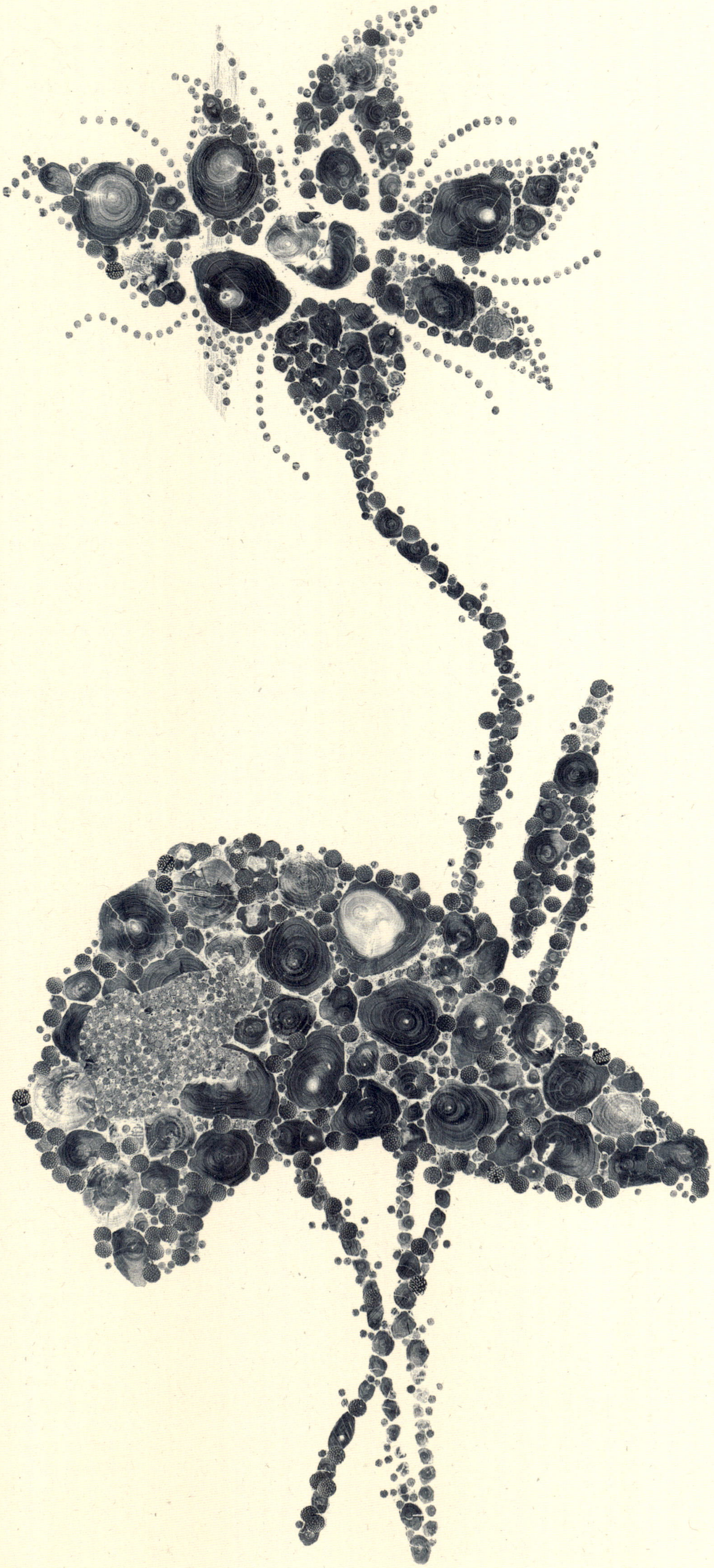

▲　연꽃문　23×52cm
▶　연꽃문, 새문　38×86cm
◁　연꽃문　24×58cm

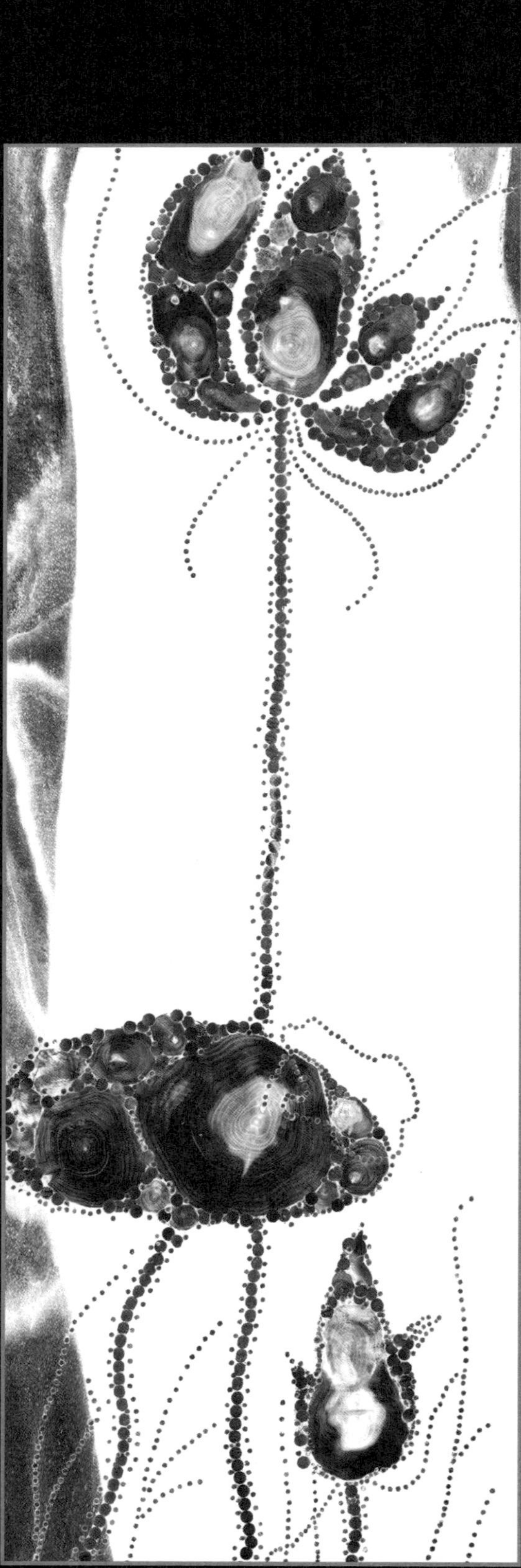

▲ 나비문   23×45cm
◀ 연꽃문   24×52cm

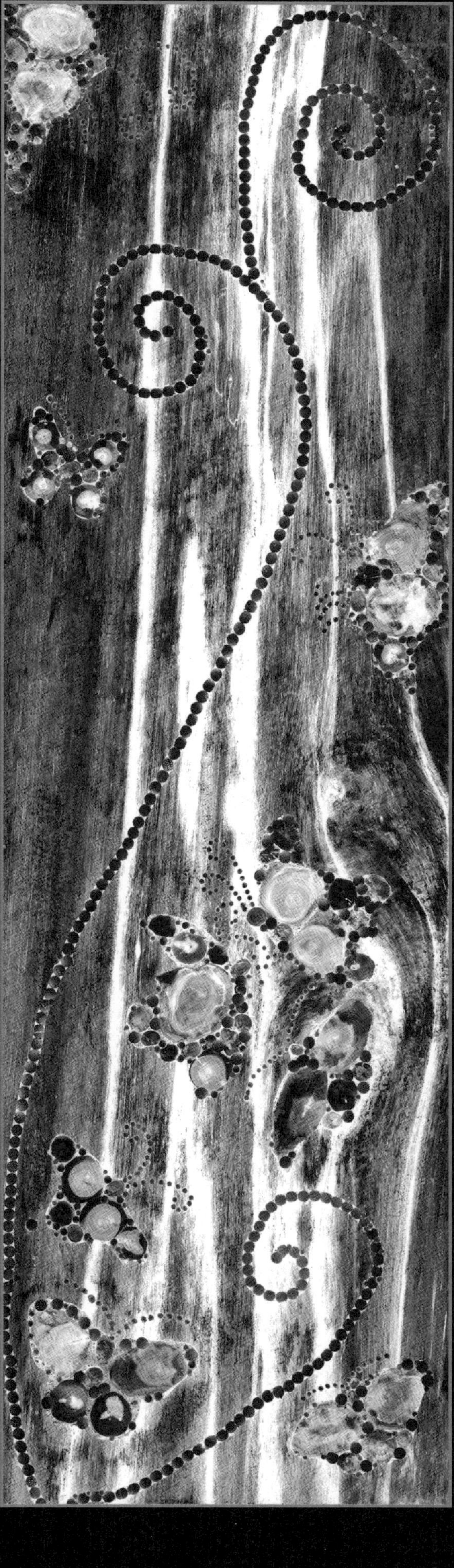

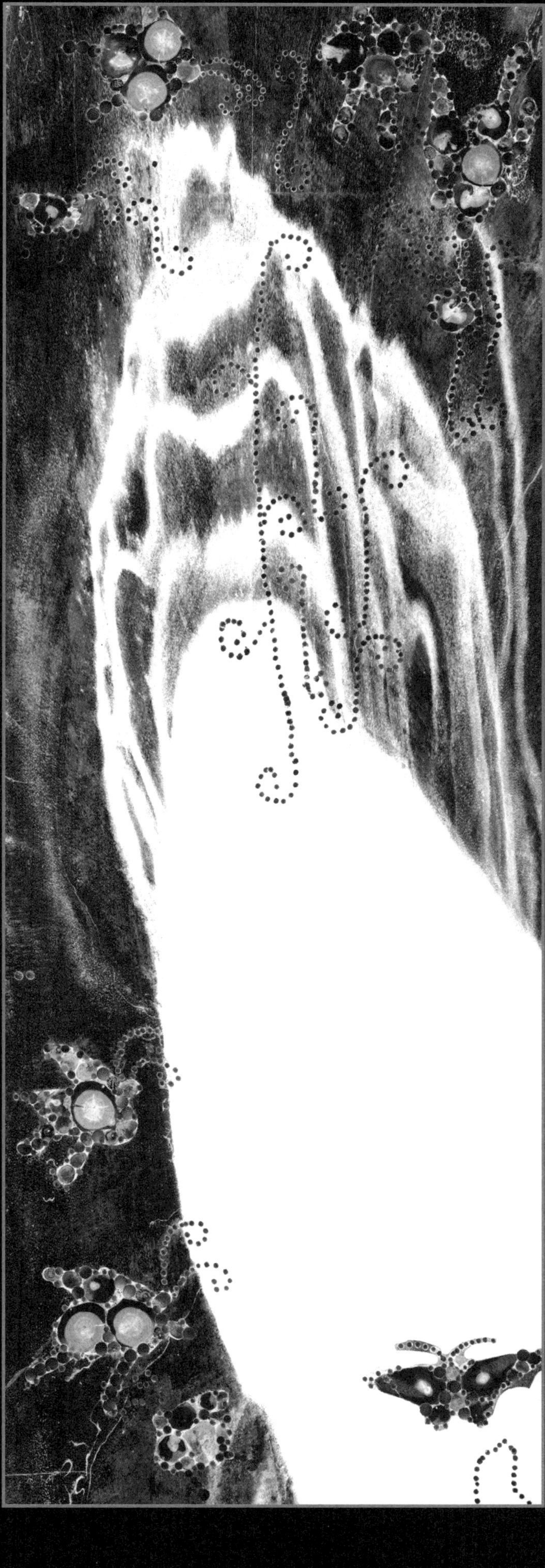

▲ 나비문, 구름당초문 30×79cm
▶ 나비문 15×38cm

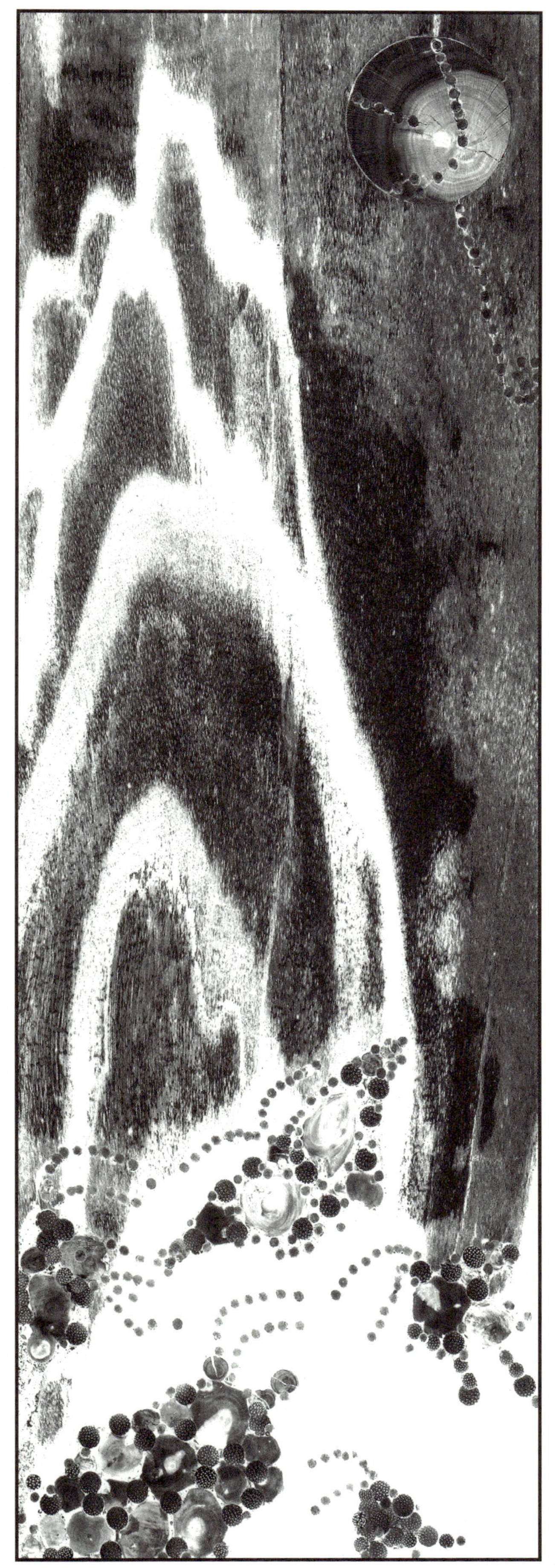

▲ 나비문, 구름당초문 30×70cm
▶ 나비문 17×43cm
◁ 연꽃문 28×66cm

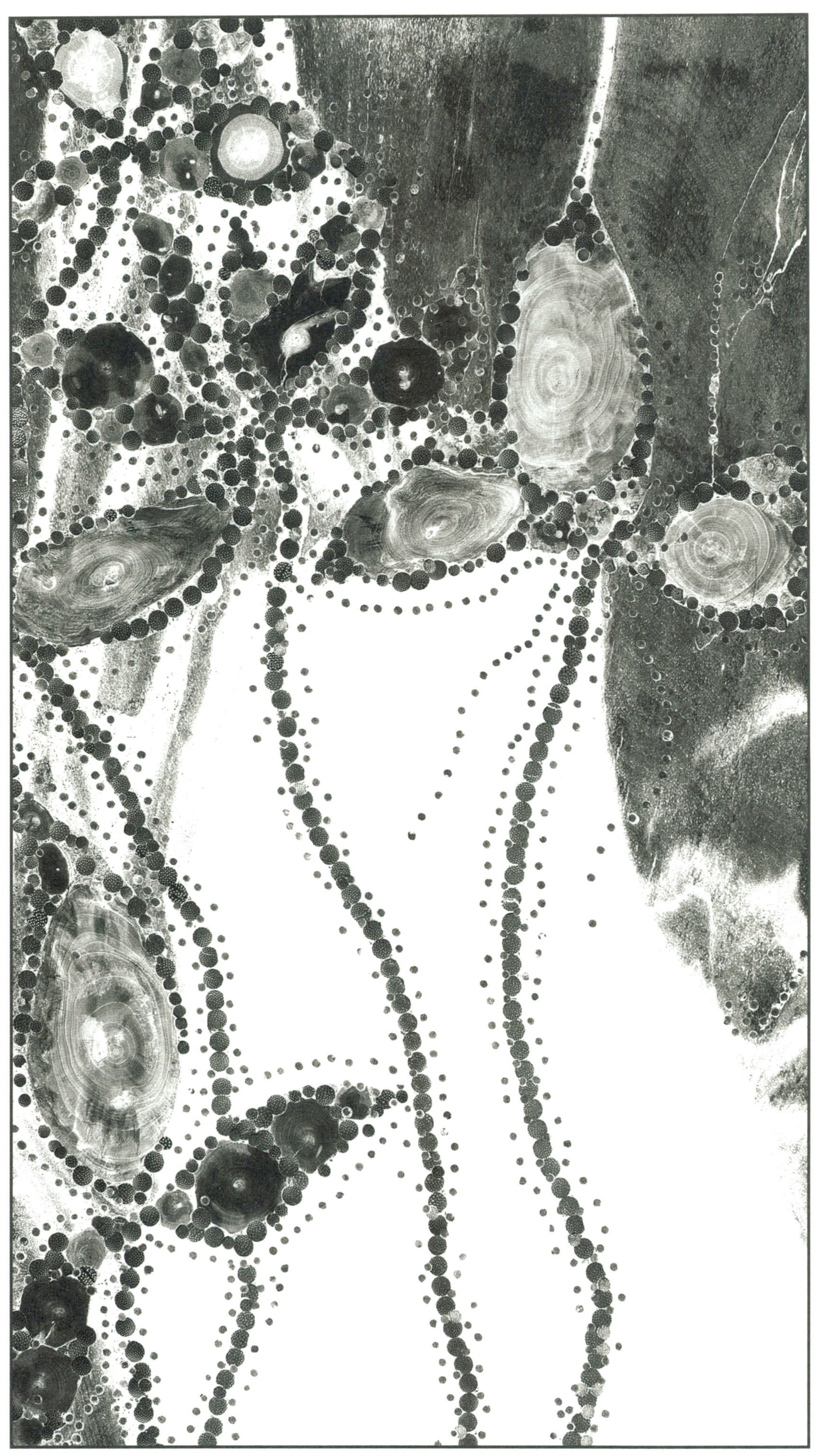

▲　연꽃문　24×41cm
▷　연꽃문　28×76cm
▷　연꽃문　24×49cm

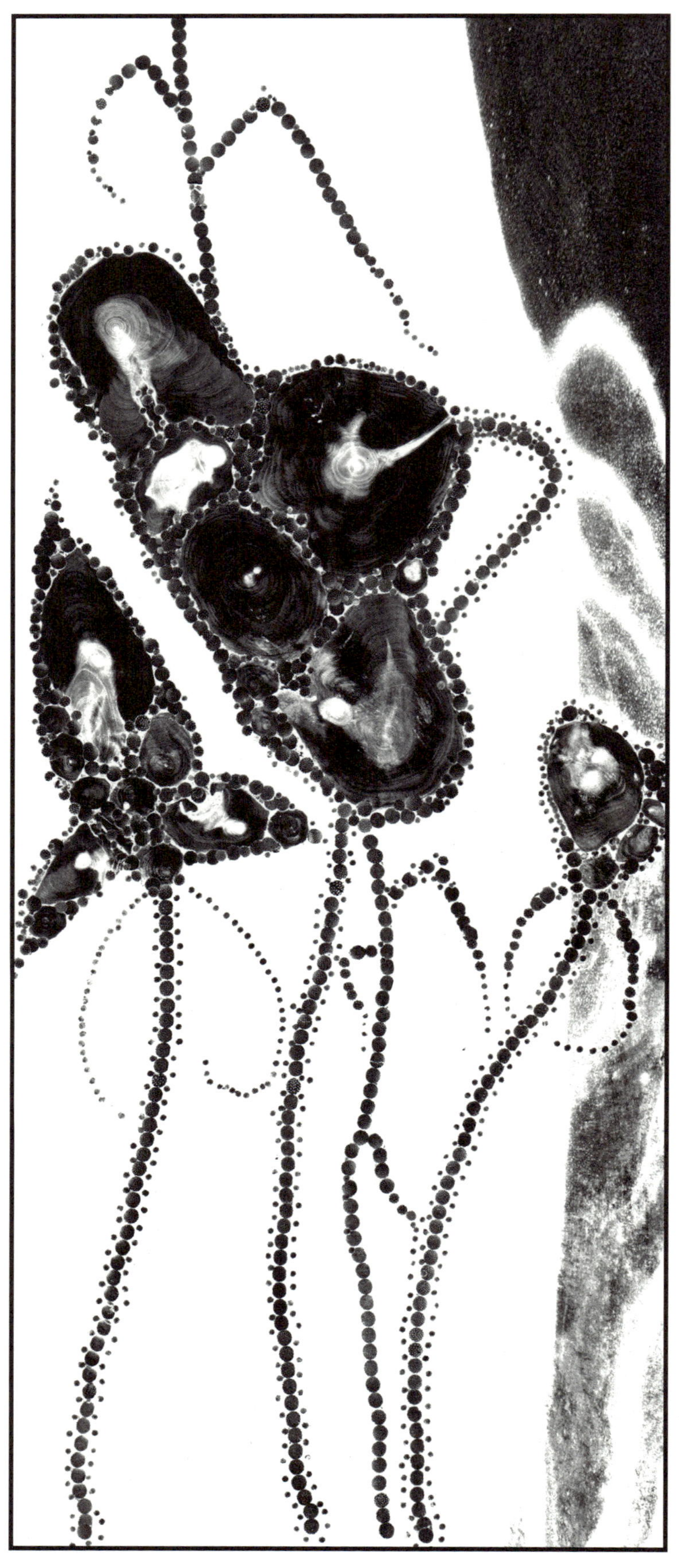
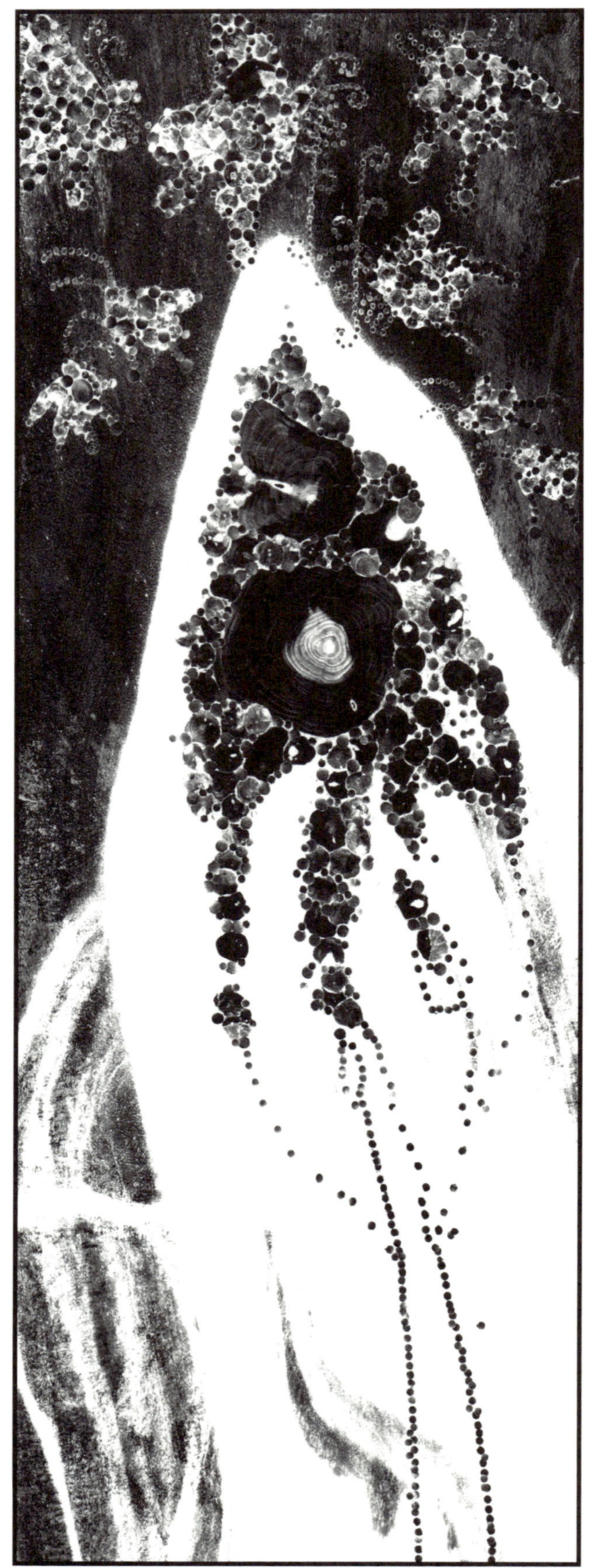

▲ 연꽃문 24×58cm
▶ 나비문 26×65cm

▲ 연꽃문　22×58cm
▶ 나비문　12×37cm

연꽃당초문   46×53cm

연꽃문, 잠자리문　53×49cm

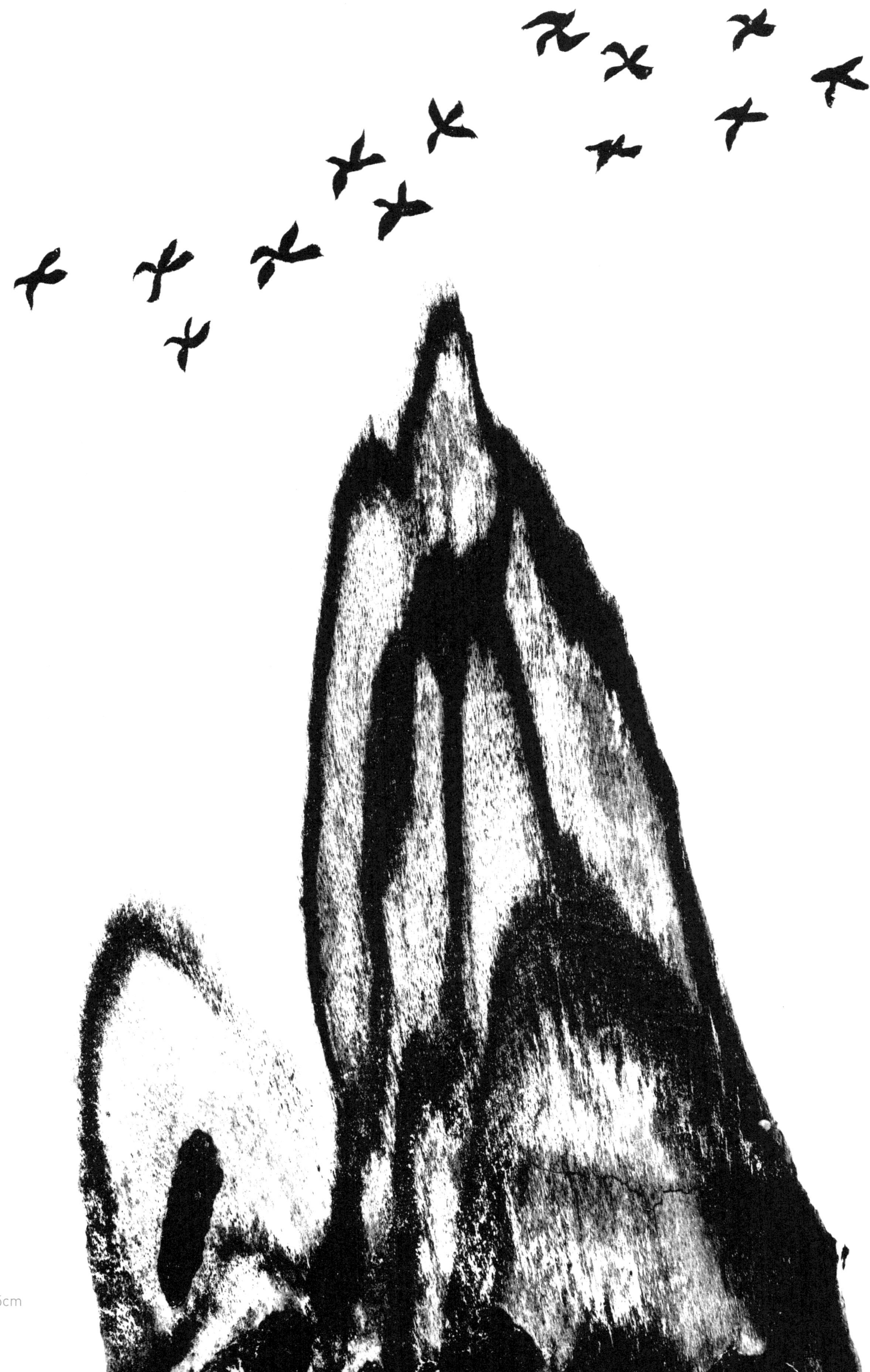

철새문 24×35cm

▲ 나비문   35×24cm
▼ 굴렁쇠문   76×35cm

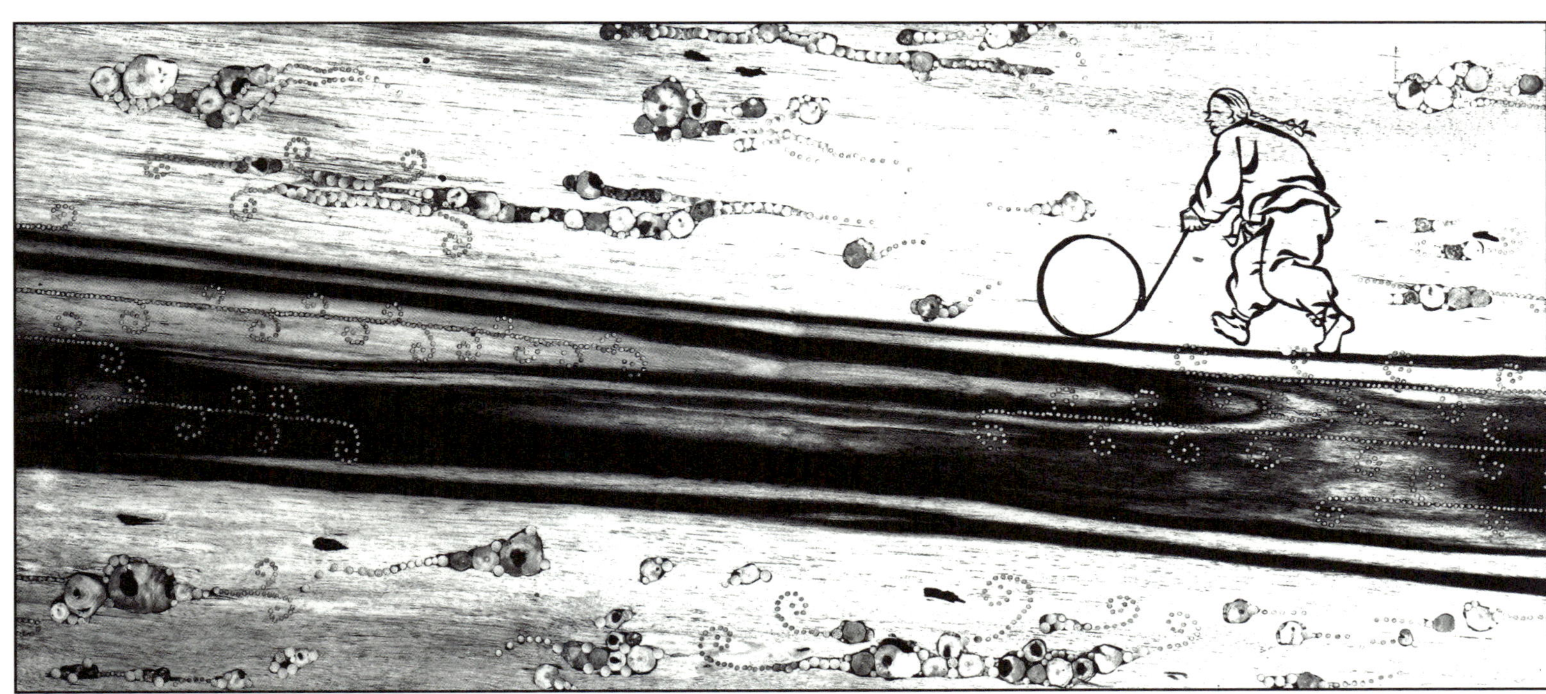

나비문   25×62cm

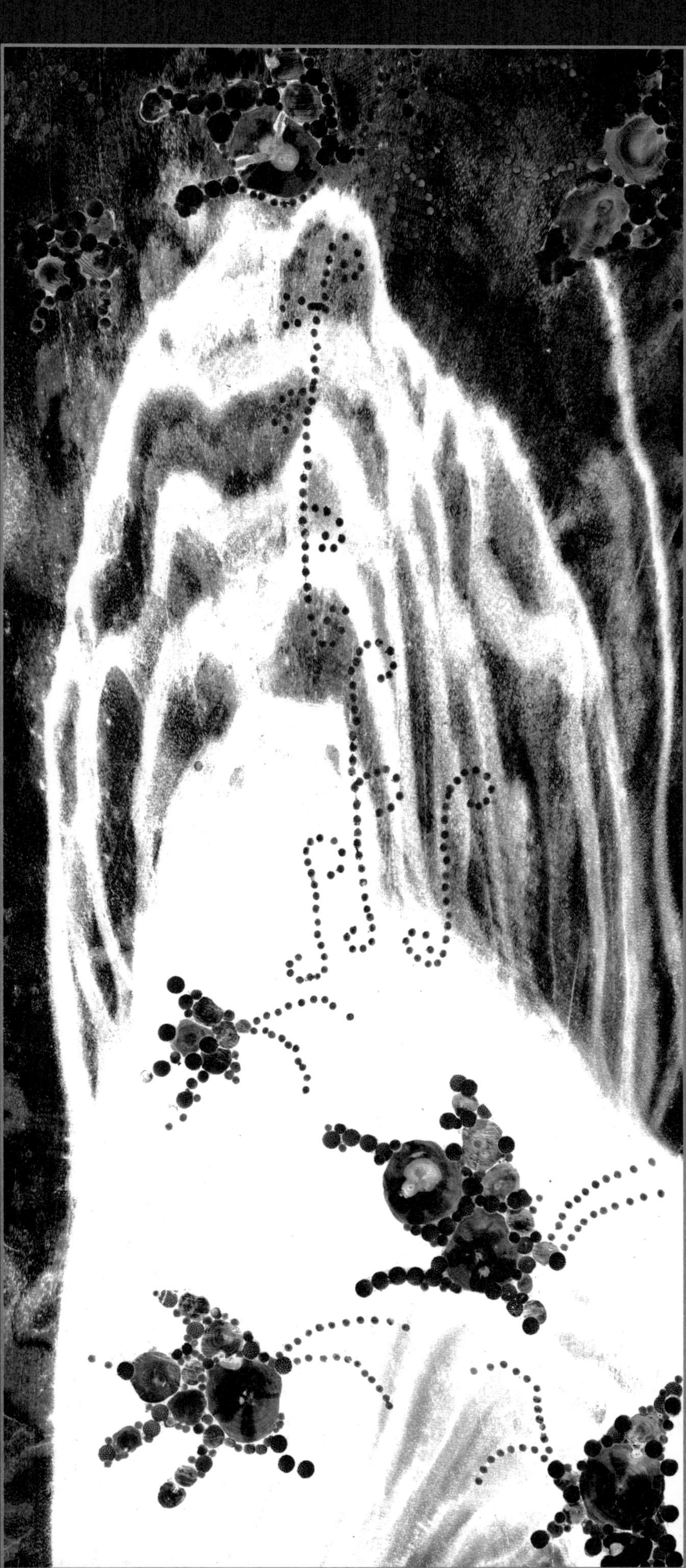

나비문　72×101cm

무늬의 의미 Meaning of Patterns

민화문民畵紋

우리의 민화(民畵)에서 많이 도안화하여 사용하였으며, 의미별로 살펴보면 다음과 같다.

장수(長壽) – 백수전도(百壽全圖), 백수백복도(百壽百福圖), 팔선도(八仙圖), 신선축수도(神仙祝壽圖), 십장생도(十長生圖), 신선도(神仙圖), 백록도(百鹿圖), 백학도(百鶴圖), 백어도(百魚圖), 송학도(松鶴圖), 노송도(老松圖), 해학번도도(海鶴番挑圖), 신구도(神龜圖), 괴석도(怪石圖), 석지도(石芝圖), 수성도(壽星圖) 등

쌍복(双福) – 쌍치도(双稚圖), 쌍압도(双鴨圖), 쌍록도(双鹿圖), 쌍어도(双魚圖), 평생도(平生圖), 춘향도(春香圖) 등

자복(子福) – 백자도(百子圖), 석류도(石榴圖), 약리도(躍鯉圖), 운룡도(雲龍圖), 삼다도(三多圖: 복숭아, 불수감, 석류) 등

재복(財福) – 모란도(牡丹圖), 삼다도(三多圖), 석류도(石榴圖), 돈몽도(豚夢圖), 경직도(耕織圖), 길상도(吉祥圖) 등

영복(寧福) – 행락도(行樂圖), 요지연도(瑤池宴圖), 백락도(百樂道), 어락도(漁樂圖), 요산요수도(樂山樂水圖), 어락도(魚樂圖) 등

녹복(錄福) – 평생도(平生圖), 모란도(牡丹圖), 백접도(百蝶圖), 봉후도(蜂猴圖), 금의공자도(金衣公子圖), 약습도(躍鰼圖) 등

덕복(德福) – 문자도(文子圖), 문방도(文房圖), 효자도(孝子圖), 충렬도(忠烈圖), 여재도(如在圖), 성현도(聖賢圖) 등

길상(吉祥) – 사령도(四靈圖), 봉황도(鳳凰圖), 기린도(騏驎圖), 신구도(神拘圖), 운룡도(雲龍圖), 군작도(群鵲圖) 등

벽사(辟邪) – 치우도(蚩尤圖), 처용도(處容圖), 종규도(鐘馗圖), 신응도(神鷹圖), 용호도(龍虎圖), 해치도(獬豸圖), 사신도(四神圖), 천계도(天鷄圖), 사자도(獅子圖), 팔괘도(八卦圖), 신구도(神狗圖) 등

민족(民族) – 금강산도(金剛山圖), 관동팔경도(關東八景圖), 평양기성도(平壤箕城圖), 진양성도(晉陽城圖), 단군영탱(檀君影幀), 충무공신상도(神像圖), 치우도(蚩尤圖), 처용도(處容圖), 호랑이도(虎圖), 송작도(松鵲圖), 평생도(平生圖), 풍속도(風俗圖), 반차도(班次圖), 수군도(水軍圖) 등

Minhwamun / Folk Painting Pattern

The theme and designs of this work were mainly drawn from our folk paintings. The folk paintings can be classified as below depending on their meanings.

Jangsu(Long life) - Baeksujeondo(complete drawing of many lives), Baeksubaekbokdo(drawing of many lives and lucks), Palseondo(drawing of eight Taoist hermits), Sinseonchuksudo(drawing of Taoist hermits wishing for long life), Sipjangsaengdo(drawing of ten immortals) Sinseondo(drawing of Taoist hermits), Baekrokdo(drawing of many deers), Baekhakdo(drawing of many cranes), Baekeodo(drawing of many fish), Songhakdo(drawing of pine tree and crane), Nosongdo(drawing of old pine tree), Haehakbeondodo(drawing of sea crane rising over), Singudo(drawing of sleeping turtle), Goeseokdo(drawing of strange stone), Seokjido(drawing of coral in the mushroom), and Suseongdo(drawing of south pole star).

Ssangbok(Two luck) - Ssangchido(drawing of two children), Ssangapdo(drawing of two ducks), Ssangrokdo(drawing of two deers), Ssangeodo(drawing of two fish), Pyeongsaengdo(drawing of lifetime), and Chunhyangdo(drawing of Chunhyang).

Jabok(Blessed with children) - Baekjado(drawing of many children), Seongnyudo(drawing of pomegranate), Yakrido(drawing of fast carp), Wunryongdo(drawing of dragon on the cloud), Samdado(drawing of many peach, fingered citron, and pomegranate).

Jaebok(Blessed with wealth) - Morando(drawing of peony), Samdado(drawing of many peach, fingered citron, and pomegranate), Seongnyuudo(drawing of pomegranate), Donmongdo(drawing of pig dream), Gyeongjikdo(drawing of weaving and farming), and Gilsangdo(drawing of happiness).

Yeongbok(Blessed with comfort) - Haengrakdo(drawing of enjoyment) Yojiyeondo(drawing of party in beautiful river), Baekrakdo(drawing of many enjoyments), Eorakdo(drawing of happy fishing), Yosanyosudo(drawing of loving sights), and Eorakdo(drawing of happiness of fish).

Nokbok(Blessed with records) - Pyeongsaengdo(drawing of lifetime), Morando(drawing of peony), Baekjeopdo(drawing of many butterflies), Bonghudo(drawing of bee and monkey), Geumeuigongjado(drawing of nightingale) and Yakseupdo(drawing of fast swimming mudfish).

Deokbok(Blessed with virtue) - Munjado(drawing of Chinese Characters), Munbangdo(drawing of scholars), Hyojado(drawing of faithful son), Chungryuldo(drawing of patriot), Yeojaedo(drawing of similar objects), and Seonghyeondo(drawing of sages).

Gilsang(Lucky omen) - Saryeongdo(drawing of four spirits), Bonghwangdo(drawing of oriental phoenix), Girindo(drawing of legendary animal, Giraffe), Singeudo(drawing of capturing ghost), Woonryongdo(drawing of dragon in the cloud), and Gunjakdo(drawing of magpie herd).

Byeoksa(Driving out evil spirits) - Chiudo(drawing of Chiu), Cheoyongdo(drawing of Cheoyong), Jonggyudo(drawing of Jonggyu, god known to drive evil away), Sineungdo(drawing of spiritual eagle), Yonghodo(drawing of dragon and tiger), Haechido(drawing of mythical unicorn lion), Sasindo(drawing of four gods), Cheogyeodo(drawing of heavenly chicken), Sajado(drawing of lion) and Singudo(drawing of capturing ghost).

Minjok(Ethnic group) - Geumgangsando(drawing of Mt. Geumgang), Gwandongpalgyeongdo(drawing of 8 scenic spots in the East), Pyeongyanggiseongdo(drawing of old Pyeongyang), Jinyangseongdo(drawing of castle Jinyang), Dangunyeongtaeng(drawing of legendary founding father of Gojosun), Chungmugongsinsangdo(drawing of admiral Sun-sin Yi), Chiudo(drawing of Chiu), Cheoyongdo(drawing of Cheoyong), Horangido(drawing of tiger), Songjakdo(drawing of pine tree and crow), Pyeongsaengdo(drawing of lifetime), Pungsokdo(drawing of customs), Banchado(drawing of ranks), and Sugundo(drawing of navy).

기하학적문 幾何學的紋

기하학적무늬는 알 무늬라 불린다. 이는 둥근 알을 상징하고, 알은 무시무종(無始無終:시작도 끝도 없는 상태)을 의미한다. 생명과 더불어 도야(陶冶)의 의미를 지닌다. 살아있는 원구(圓球)이고 생명의 원(圓)인 알은 원만(圓滿), 충족(充足), 팽배(澎湃), 발전(發展), 전진(前進), 영원한 동력 등을 상징하여 강한 생명력을 의미한다. 알은 가장 총체적이고 완벽한 조합에 의해 살아있는 원으로서 생명의 근원(根源)이며 알 무늬는 생명 자체의 무한한 원동력과 발전을 상징한다.

기하학적무늬는 점, 선, 삼각, 사각, 육각, 팔각, 원 등의 무늬가 있는데, 둥근 원(圓)은 남성을 상징하고 영원의 의미를 지닌다. 타원형(橢圓形)은 여성을 상징하고 다산(多産)의 의미를 지닌다. 삼각형은 불을 상징하고, 사각형은 안정감, 육각은 장수, 팔각은 불교적 의미로 쓰인다. 수직선에는 영적인 원리가 수평선에는 여성적 원리가 내포되어 있다. 기하학적무늬는 다른 무늬와 혼합하여 조화를 이루며, 기하학적무늬로만 이루어진 것도 있다. 기하학적무늬는 선문(線紋)을 기본으로 뇌문(雷紋), 만자문(卍字紋), 금문(錦紋), 파문(巴紋) 등이 있다.

Gihahakjeokmun / Geometric Pattern

Geometric patterns are called as egg pattern symbolizing the round egg. Egg means Musimujong(no start and no end exist). It also has a meaning of building up as well as life. Egg is the live sphere and the circle of life. It symbolizes perfection, satisfaction, overflowing, development, progression, and eternal power and means strong life. Egg is alive due to the most general and perfect combination. It is the source of life and the egg pattern symbolizes the eternal power and development of the life itself.

Point, line, triangle, rectangle, hexagon, octagon, and circles form geometric patterns. Round circle symbolizes men and has the meaning of eternity. Oval shape symbolizes female and has the meaning of fecundity. Triangle symbolizes fire, rectangle symbolizes stability, hexagon symbolizes long life, and octagon is used for Buddhism meaning. Vertical line contains spiritual principle, and horizontal line contains feminine principles. When geometric patterns are mixed with other patterns, the geometric patterns form harmony with others. Some of the works are solely composed of geometric patterns. The geometric patterns are divided into Noemun(fret pattern), Manjamun(Manja pattern and great absolute pattern), Geummun(silk pattern), and Pamun(swirling pattern) with having basis on the line patterns.

삼각형문三角形紋

삼각무늬는 여근(女根), 재생(再生)의 의미를 지닌다. 삼각형 무늬의 배열에는 다산(多産)을 바라는 뜻이 담겨져 있다. 삼각형은 모가 세 개인데 세 사람 또는 세 단체 사이의 관계를 뜻하며 불교에서 불(佛), 법(法), 승(僧)의 삼보(三寶)를 상징하기도 한다.

정삼각형(正三角形)은 영적인 세계를, 정사각형(正四角形)은 땅을, 원(圓)은 하늘을, 삼각형은 인간을 상징한다. 따라서 천지인(天地人)은 삼재의 조화(調和)와 영롱(玲瓏)의 의미를 지닌다.

Samgakhyeongmun / Triangular Pattern

Triangular pattern has meanings of female genitals and regeneration. The sequence of triangular pattern contains the meaning of wish for fecundity. The triangle has three edges which mean the relationship among three people or three organizations. Also, the three edges symbolize the three treasurers of Buddhism: Buddha, laws, and monks. The equilateral triangle symbolizes spiritual world, square symbolizes land, circle symbolizes sky, and triangle symbolizes human. Therefore, Cheonjiin(heaven, earth, and man) has the meaning of harmony and the brilliance of three treasures.

사각형문四角形紋

넷(四)이라는 수는 네 번째에 해당되며, 생활에서는 안전한 수로 전체를 나타내는 경우가 많다. 삶이 생로병사(生老病死)의 네 단계로 진행되고, 일 년이 사계절(四季節)로 순환되며, 우주는 동서남북(東西南北) 사방위로 분리된다. 대지를 나타내는 형상은 사각형(四角形)을 안전한 도형(圖形)으로 보았다.

Sagakhyeongmun / Square Pattern

The number four is the fourth of a number and it is widely used as safe number in life. The life has four steps of birth, aging, disease, and death, one year is circulating with four seasons, and the universe is divided into four directions of east, west, south, and north. This work considered rectangle which symbolizes land as safe figure.

육각형문六角形紋

동서남북 사방(四方)에 천지(天地)와 상하(上下)를 합친 것으로 육합(六合)이라고 하여 우주를 나타낸다. 인체에서는 이목구비(耳目口鼻)와 대소변의 배설구를 합친 것을 육공(六空)이라 하고 담(膽), 위(胃), 대장(大腸), 소장(小腸), 명문삼초(命門三焦), 방광(膀胱)을 육부(六腑)로 나타낸다. 부모형제와 처자의 육친(肉親)을 가족 전체로 본다. 육각형(六角形)은 귀갑문(龜甲紋)의 형(形)으로 길상(吉祥)과 장수(長壽)의 의미를 지닌다.

Yukgakhyeongmun / Hexagonal Pattern

Combining the four directions of east, west, south, and north with up and down is called Yukhap(universe). In the human body, we call ears, eyes, mouths, and noses along with two excretory pores as Yukgong(six holes). Also, Yukbu(six organs) refers to the sputum, stomach, large intestine, small intestine, tri-energizer, and bladder. People consider Yukchin as family which include father, mother, brother, sister, wife, and children. Hexagon is the shape of Gwigapmun(Tortoise shell shape) which symbolizes lucky omen and long life.

팔각형문八角形紋

팔은 사(四, 음과 양)의 중복적인 의미로 강조의 효과를 나타낸다. 동서남북(東西南北) 사방의 배수인 팔방(八方), 사방팔방(四方八方)이 터져서 허전한 사방허통(四方虛通), 사통팔달(四通八達), 사주팔자(四柱八字) 등은 의미가 반복되어 넷이 지닌 뜻을 강조해준다.

넷(四)이란 숫자는 자기를 중심으로 사방이 둘러싸고 있다는 인식이다. 중심을 둘러싸고 있는 사방은 전체를 의미하는데, 여덟은 이 뜻을 배가시킨다. 팔각(八角)은 원(圓)에 가장 가까운 각이며 길상(吉祥)의 의미와 불교적인 의미를 지닌다.

Palgakhyeongmun / Octagonal Pattern

Eight demonstrates an emphasizing effect as a double of four. The same meanings of four are repeated and emphasized in Palbang(8 direction) which is double of 4 direction, Sabangpalbang(everywhere), Sabangheotong(empty in four directions), Satongpaldal(roads running in all direction), and Sajupalja(8 letters showing the destiny of person).
The number four makes people to feel surrounded in four directions. The four directions surrounding the center means whole and eight doubles this meaning. The eight directions is the angle closest to the circle which is a lucky omen and has Buddishm meaning.

원형문圓形紋

동심원은 우주의 하늘과 태양(日)을 상징하고, 달(月)이나 알(卵)은 무시무종(無始無終)의 의미를 지닌다. 천지신명(天地神明)과 일월성신(日月星辰)은 민간신앙에서 신격(神格)화 되어 나타나는데, 하늘과 일월(日月), 곧 해와 달은 원의 도형으로 종교적 의미의 신앙이 되었다. 신령스러움과 거룩함이 일깨우는 충족감, 만족감, 풍요(豊饒) 등은 한국인의 종교적 심성(心性)에 강하게 나타난다.

Wonhyeongmun / Circle Pattern

Concentric circle symbolizes the sky and sun in the universe, and moon and egg contains the meaning of Musimujong(a state where no start or end exists). Cheonjisinmyeong(gods of heaven and earth) and Ilwolseongsin(the sun, moon, and stars) are deified in the folk believes. The sky and ilwol (i.e. sun and moon) became the religious symbol of circular shapes. The religious hearts of Koreans are well represented by the satisfaction, fulfillment, and abundance awaken by the holiness and numinously.

고리문環紋

고리는 여러 개의 고리가 반복적으로 연결된다는 특징이 있다. 옛 사람들은 고리가 연결되어 있는 사슬의 모습에서 끊어지지 않는 영속(永續)과 지속(持續)의 의미를 찾았고, 이를 인간사와 관련지어 수명장수(壽命長壽) 또는 영생(永生)이란 상징성을 부여하였다. 고리무늬는 최대의 길상무늬로 여겨 생활도구나 소지품 등에 장식되었다. 고리무늬와 유사한 만(卍)자 무늬가 있는데, 이 무늬도 끊임없이 연속되는 의미에서 그 상징성이 고리무늬와 유사하다. 고리문은 인연(因緣)과 불교적 연기(緣起)의 의미를 지닌다.

Gorimun / Link Pattern

Link has repeating characteristics of many chains. Old people found the meaning of eternity and continuity from the shape of chains where links are connected. Also, the old people have assigned the symbols of long life or eternal life in correlation with human affairs. The link pattern is considered as the best omen for luck so people decorated it with living tools or possessions. There is a pattern called Manja(卍) which is similar to link. The Manja pattern has similar symbolism in continuity. The link pattern has Buddishm meanings and meaning of tie or connection.

아자문亞字紋

아자무늬는 아(亞)자 모양으로 이루어져 있으며, 동양적 의미를 지닌다. 십자형 무늬로 추상적이며 단조로운 선으로 이루어져 있다. 아자문은 생활주변에서 많이 볼 수 있고 민속신앙과도 관련이 있다. 우리 민족은 만물에 불가사의한 초자연적인 힘이 숨겨져 있다고 생각하여 자연을 숭배해 왔다. 자연을 모방하고 신비한 자연의 이치를 도안화한 무늬를 만듦으로써 주술적이고 영적인 힘을 얻기 위해 노력하였고 그 과정에서 자연스럽게 예술성을 획득했다. 아자무늬도 이러한 과정에서 얻은 것으로 보인다. 아자무늬는 길상(吉祥), 정토(淨土), 벽사(辟邪)의 의미를 지닌다.

Ajamun / Aja Pattern

Aja pattern has 亞 shape and oriental meanings. It is a cross pattern composed of abstract and simple lines. Aja pattern is easily found in the surroundings of life and has relationship with folk believes as well. Our people have worshiped nature as they believed that there is mysterious and supernatural power hidden in all things. These people strived for imitating the nature and creating a pattern to make design for the principles of mysterious nature in order to obtain spiritual and shamanistic power. Artistry was naturally obtained during that process. It seems that Aja pattern was obtained in that process as well. It has the meaning of lucky omen, paradise, and driving out evil spirit.

금문錦紋

금무늬는 단청(丹靑)을 현란하고 아름답게 치장할 때 쓰이는 직물무늬 양식인데, 직물의 직조 과정에서 자연스럽게 생기는 기하학적 무늬로 삼각형, 육각형, 팔각형, 원 등과 아자(亞字), 만자(卍字), 번개(雷), 돌림, 소슬, 바퀴, 거북등무늬 등 꽃무늬와 함께 사용하고 화려하게 오방색(五方色)을 사용한다. 주로 궁궐 건축의 정전이나 사찰의 대웅전, 신전 등에 그려지는데 이는 신성함과 위계 및 장엄함을 나타내기 위함이다. 특징적인 사방연속무늬 등 여러 가지 무늬가 있다. 금무늬는 길상(吉祥)의 의미와 불교적 의미를 지닌다.

Geummun / Silk Pattern

The silk pattern is a fabric pattern used to decorate Dancheong(the traditional multicolored paintwork on wooden buildings) in beautiful and elaborate manner. It is a geometric pattern created naturally during the fabric weaving process. It is used together with triangular pattern, hexagonal pattern, octagonal pattern, circular pattern, Aja pattern, Manja pattern, lightning(雷) pattern, circulation pattern, Soseul pattern, wheel pattern, tortoise shell pattern, and flower patterns. Usually colorful five colors are used. It was mainly painted on the Jeongjeon in the Palace or main building of the temples to express the sacredness, rank, and magnificence. There are diverse patterns which include distinguishing four directional repeating patterns. Silk pattern has the meaning of lucky omen and Buddhism.

거치문鋸齒紋, 톱니문

글자 그대로 톱니 모양의 무늬이다. 이러한 기하학적 무늬는 원시 인류가 연장이나 토기 표면에 새겨 넣기 시작하면서 고대 각종 장신구를 비롯하여 칠기, 토기, 금속용기 등에 새겨져 왔다. 근대까지 사용해 온 무늬로 매우 예스러우면서도 서투른 가운데 멋이 있는 장식미를 보여준다. 이 톱니무늬의 형식은 이등변삼각형으로 이루어진 것과 직각삼각형으로 이루어진 것, 그리고 각종 변형삼각형으로 이루어진 연속무늬가 있다. 이것은 대개 이등변삼각형으로 되거나 직각삼각형으로 되어 띠를 이루고 별빛 모양 또는 꽃 모양으로 이루어져 산에 둘러싸인 모양을 보여준다. 톱니바퀴 무늬는 재생(再生), 여성(女性), 다산(多産), 풍요(豊饒), 기원(祈願)의 의미가 있다.

Geochimun or Tomnimun / Sawtooth Pattern

It is literally the pattern with sawtooth shape. Such geometric patterns have been carved in the wooden lacquerwork, earthenwares, and metalwares as well as diverse ancient accessories since humanity started carving on the surface of tools or earthenwares. This pattern has been used until the modern times. The pattern has very antique, clumsy, but interesting art of decoration. There are different forms of the sawtooth pattern: one composed of isosceles triangles, one composed of right triangle, and others composed of diverse modified triangles. Most of these are composed of isosceles triangles or right triangles to form band with star or flower shapes which resembles the shape surrounded by mountains. The sawtooth pattern has meanings of regeneration, femininity, fecundity, abundance, and wishing.

와문渦紋

소용돌이 무늬라고도 한다. 동심원(同心圓) 또는 돌림문(回紋)과 함께 연속성 무늬로 쓰이고 종교적, 주술적, 상징적 의미가 내포되어 있다. 그 연속무늬는 대체로 성신(星辰)이 펼쳐져 있는 천체(天體)를 상징하며, 무시무종(無始無終) 즉 시작도 끝도 없이 돌고 있다는 윤회사상(輪廻思想)의 의미와 진리(眞理)의 의미가 담겨져 있다. 우주의 무한한 돌고 도는 회오리바람처럼 여성의 다산(多産)과 풍요(豊饒), 기원(祈願)의 의미를 지닌다.

Wamun / Whirlpool Pattern

It is also called Whirlpool pattern and used as continuing pattern with concentric circle and Dollimmun(rotation pattern). It contains religious, shamanistic, and symbolic meanings. The continuing patterns usually symbolize the celestial bodies where stars are expanded and contain the Musimujong, that is, the meaning of rebirth thought(that everything is circulating without start and end) and truth. It has the meanings of fecundity, abundance, and wish just like the whirlwind infinitely turning in the universe.

격자문格子紋

격자무늬란 가로 세로의 선이 직각으로 교차하는 무늬를 말한다. 성글고 관대하지만 어떠한 것도 이러한 질서에서 벗어날 수 없다는 의미를 지닌다. 선악에 대한 응보도 그 안에서 행해지므로 악을 행하고 징벌에서 벗어나는 요행은 있을 수 없다. 격자문은 기역자(ㄱ), 십자(十), 사각형(ㅁ)으로 꺾어져 무늬를 이루며 만남, 길상(吉祥), 벽사(辟邪), 때로는 아(亞)자, 희(囍)자, 복(福)자의 의미도 있다.

Gyeokjamun / Lattice Pattern

The lattice pattern refers to a patter where the horizontal lines cross the vertical lines making right angles. It has a meaning that it is penetrative and tolerant but nothing can get away from such order. The nemesis of good and evil are done within this pattern. So there is no luck to do evil and get away from the punishment. The lattice pattern forms its pattern by curving to make ㄱ, 十, and ㅁ shapes. It contains the meaning of meeting, lucky omen, and driving out evil spirit. Sometimes it means lucky(亞), happy(囍) and fortune(福).

파자문芭子紋

일명 자리무늬(席紋), 또는 승석무늬라고도 한다. 파자무늬는 벽돌을 엇갈려서 쌓은 모양이거나 멍석의 모양을 보고 만든 무늬로, 민예적이며 소박하고 서민적인 무늬이다. 길상(吉祥), 만남, 벽사(辟邪)의 의미를 지닌다.

Pajamun / Paja Pattern

It is so called seating pattern or mat pattern. Paja pattern is a shape formed from stacking bricks in crossing way or shape formed from straw mat. The pattern represents folk art with simple and folksy patterns. It contains the meanings of lucky omen, meeting, and driving out evil spirits.

국수문麵紋

유두절(流頭節:음력 6월 15일)에는 동쪽에서 흘러내리는 개울물에 머리를 감고 국수 등을 장만하여 산이나 강변의 경치 좋은 곳을 찾아다니며 즐겼다. 유두절에는 더위를 이겨낼 수 있다고 하여 국수를 먹었는데 그 국수를 유두면(流頭麵)이라 한다. 잔치 때는 잔치 음식으로 국수장국을 말아 손님을 대접하였는데 이는 국수 면발이 길어 장수(長壽)를 기원(祈願)하는 의미로 회갑, 혼인, 생일 때 사용하였다. 국수는 음식 중에 가장 기다란 음식으로 무병장수(無病長壽)를 의미한다. 떡살에서는 가장 흔하게 쓰이는 무늬이며 가장 대표적인 무늬이기도 하다. 국수문은 국수 무늬만으로 쓰이는 경우도 있지만 밑그림으로 쓰이기도 하고 꽃무늬와 함께 사용되기도 한다. 장수(長壽)의 의미를 지닌다.

Guksumun / Noodles Pattern

In the Yudujeol(June 15th in lunar Calendar), people washed their hairs in the stream water coming from east, prepared noodles, and visited places with good view such as mountain and riverside to enjoy. People ate noodle in this term to overcome the heat. That noodle is called Yudu noodle. In the party, the hosts prepared noodle soup to serve the guests because the long noodles symbolized long life. Therefore, 60th birthday party, marriage, and any birthday parties served noodles. Noodle is the longest food which symbolizes good health and long life. It is the most frequently used pattern in the Tteoksal and also it is the most typical pattern. The noodle pattern is used alone sometimes, but it is also used as background or used with flower pattern. It contains the meaning of long life.

회문回紋, 돌림문

우리 주변에는 자연의 원(圓)과 우물, 그릇, 구슬, 거울 등의 인위적인 조형의 원이 둘러싸고 있다. 잘 갖춘 온달은 이상적인 원의 형태이고 단편적으로 원이라고 할 수 있는 만곡원(彎曲圓), 흔들리는 그네의 원, 구불구불한 시골길의 원이 각기 다른 감정과 의미를 자극하며 상징성을 가지고 있다.

무한의 다각형에서 모가 떨어진 모양의 원은 무한대의 선과 면을 포섭한 완전함을 의미한다. 원은 선, 면, 각이 궁극적으로 도달할 이상이며 선, 면, 각 등의 모순 없는 공전과 조화를 이룬다. 포섭이자 끌어안음이 곧 원이며 모순에서 완전으로의 지향 및 대립과 갈등의 승화를 의미한다. 구불구불한 선의 원이나 나선형의 원은 외향성과 원심력을 지닌다.

완벽한 원은 구심적이고 자체 내의 한정된 동력과 달리 발전과 전진을 나타낸다. 이와 같은 원의 움직임 중에서 탄력적인 것은 나선형 원으로 소용돌이나 회오리바람 등 기하학적인 무늬로 사용된다.

만(卍)자문, 아(亞)자문, 원(圓)문 등은 회문(回紋)의 일종으로 본다. 일반적으로 만자무늬는 불교적 의미가 있지만 실제는 만(卍)자의 상형에서 비롯되었다. 부귀장수(富貴長壽), 만만세(萬萬歲)의 의미로 시작도 끝도 없이 영원한 것 즉, 무시무종(無始無終)이라 하여 연속무늬로 이루어졌다. 영원(永遠), 윤회(輪廻), 장수(長壽)의 의미로 사용한다.

Hoemun or Dolimmun / Rotation Pattern

There are natural circles and artificially modeled circles surrounding us such as well, plates, beads, and mirrors. Well prepared full moon is the idealistic shape of circle. There fragmental circles such as curved circle, circle of swaying swing, or circle of winding country roads stimulate different feelings and meanings to have different symbols. Circle symbolizes perfection embracing infinite lines and planes as the shape of circle is the edgeless shape of polygon. The circle is the ultimate ideal for line, plane, and angles which accomplish revolution and harmony among line, angle, and plane without contradiction. Circle is the other word of embracing which means the sublimation of aim, opposition, and conflict for seeking perfection from contradiction. The circles with winding lines and the circles with helical form contain extroversion and centrifugal force.

Perfect circle is centripetal and represents the development and advancement contrary to the limited internal power. Elastic movements of circles are used as geometric patterns such as whirlpool or whirlwind. Manja pattern(卍), Aja pattern(亞), and Circular pattern are considered as kinds of rotation pattern. Generally Manja pattern has Buddhistic meaning but it started from the hieroglyphics of letter 萬. It contains the meaning of rich and long life and long and long life. It is composed of continuing pattern with the idea of Musimjong(eternity without start and end). It is used with the meanings of eternity, eternal cycle of birth, death, rebirth, and long life.

귀갑문龜甲紋

거북이 등과 같은 육각형 모양을 이룬 도형을 귀갑문(龜甲紋)이라 하고 석쇠문, 벌집문이라고도 한다. 거북은 껍질을 가진 동물 중에 으뜸이어서 신령이라고 한다. 신성한 거북은 뱀의 머리와 용의 목을 지니며, 뼈는 몸 밖에 있고 살은 뼈 안에 있으며, 내장은 머리와 연결되어 있다. 수컷은 봄에 나와 껍질을 벗고 겨울에는 동면을 해서 거북은 장수(長壽)의 의미를 지니고 있다. 귀갑문은 인연(因緣), 장수(長壽)의 의미와 액(厄)을 막아주는 벽사(辟邪)의 의미를 지니고 있다.

Gwigammun / Tortoise Shell Pattern

Hexagonal shapes like tortoise shell are called Gwigammun, gridiron pattern, or beehive pattern. The tortoise is considered as the best animal among all animals with shell which is why it is considered sacred. The sacred tortoise has the head of snake and neck of dragon with bones on the outside of body, flesh inside of bones, and the internal organs are connected with head. The tortoise has the meaning of long life because males come out in the spring, cast the shell, and hibernate during the winter. The tortoise shell pattern contains the meanings of connection, long life, and Byeoksa to prevent bad luck.

뇌문雷紋

천둥소리는 만물의 생성원리(生成原理)와 관계가 있다. 천둥은 하늘에서 음(陰)과 양(陽)이 부딪치면서 나는 소리이다. 천지가 진동하는 천둥은 그 소리와 더불어 번개가 일고 비가 오며 바람이 불 것을 알려주는 예징(例徵)의 소리이다. 농경사회에서는 가뭄에 비를 몰고 오는 길조(吉兆)로 여겼다.

번개는 천문지상에서 중요한 현상 중 하나이다. 번개는 비, 구름, 바람과 함께 풍운의 조화라는 우주론적 현상으로 하늘이 인간에게 내리는 계시라고 믿었다. 또한 자연은 인간에게 운명에 관한 예언과 점괘로 상징성을 지닌다. 여름에는 적란운(積亂雲)에서 발생하는 전기의 방전현상으로 천둥과 번개가 발생한다. 이 때 땅속에서는 비양분(肥養分)의 분해를 촉진시키고 병충해도 억제한다. 따라서 번개가 잦으면 농사가 잘 된다고 믿었다. 번개를 상징하는 것으로 지그재그 모양의 무늬와 갈지(之)모양의 무늬가 있다. 뇌문(雷紋)은 기원(祈願), 진리(眞理), 기쁨의 의미로 사용된다.

Noemun / Fret Pattern

The sound of thunder is related to the principle of generation of all things. In other words, the thunder is the sound coming from the crash Yin and Yang in the sky. The sound of vibration of the world thunder is the sound of foresight of the lightning, rain, and wind. Agricultural societies considered it as good omen to bring the rain to the drought. Lightning is a important phenomenon of the astronomy. People believed lightning as a revelations from the sky which is a cosmological phenomenon of harmony among rain, cloud, and wind. Also people find symbols from nature as prediction and divination sign regarding the fate of people. The thunder and lightning occur in summer as an electric discharging phenomenon occurring from cumulonimbus. Such lightning promotes the dissolution of non-nutrition under the ground and prevent damage from insects. Therefore, people believed that frequent lightning implies good harvest. Zigzag pattern and Galji pattern 之 symbolize the lightning. Noemun was used as the meaning of wish and happiness.

만자문卍字紋

만(卍:가슴만)자는 석가모니가 태어날 때 가슴에 있었던 무늬인데 후세에 이를 길상(吉祥)의 표시로 인식하였다. 만자는 불심을 상징하며, 존재의 밝기 또는 윤회 등을 나타내고 팔길상인(八吉祥印)의 하나로서 불족석(佛足石)에 새겨져 있다. 만(卍)자는 고대부터 존재했으며 명·청나라 시대에 이르기까지 가구나 창살에 많이 사용되었다. 만자의 원형이며 만자(萬字10,000)의 연속체로서 시작도 끝도 없는 지속과 생명의 무한한 소생 및 영원함을 뜻한다. 구체적으로 청색 만자는 천계(天界)에 속하는 무한한 덕(德)을, 적색 만자는 부처의 마음에 자리 잡은 무한한 성덕(聖德)을, 황색 만자는 번영(繁榮)을, 녹색 만자는 농경생활에서 무한한 은덕(恩德)을 나타낸다. 오른쪽 만(卐)자는 음(陰)을 왼쪽 만(卍)자는 양(陽)의 뜻을 지닌다. 만덕(萬德)의 뜻으로 당(唐)나라 때부터 만(萬)자로 불려졌다. 만만세(萬萬歲)의 의미를 지닌다.

Manjamun / Manja Pattern

Manja pattern(卍 meaning chest) is told as the pattern in the chest of Buddha when he was born. In the future ages, people considered it as a omen for luck. Manja symbolizes the mercy of Bhudda, represents the brightness of being or circulation of life, and is written in the Buljokseok(stone of Buddha's legacy) as one of the 8 sacred and lucky symbols. The Manja existed from the ancient times and was widely used in furniture or bar of window until the Ming and Qing Dynasties. It means the continuity without start and end, endless revival of life, and eternity as a continuum of Manja(ten thousands) which is the original shape of Manja(卍). Specifically blue Manja pattern refers to the endless virtue belonging to the skies, red Manja pattern refers to the endless sacred virtues inside of Buddha's heart, yellow Manja pattern refers to prosperity, and green Manja pattern refers to endless favors in the agricultural lives. The right directional Manja pattern(卐) has the meaning of Yin and left directional Manja pattern(卍) has the meaning of Yang. With the meaning of Mandeok(10,000 virtues) it was used as Man(萬) from Tang Dynasty. It contains the meaning of 100,000,000 years of life.

만자문과 태극문卍字紋, 太極紋

만자무늬와 태극무늬는 하나의 개념으로 보아야 한다. 만자(卍)가 변화한 것이 태극무늬기 때문이다. 만자문을 회전시키면 회전속도에 따라 4태극, 3태극, 2태극, 원이 되며 정지된 상태에서는 다시 만자무늬를 이룬다. 4태극은 중앙(中央)을 중심으로 동서남북(東西南北)으로 오행(五行)을 이루고 3태극은 천지인(天地人), 2태극은 음양(陰陽), 원은 우주(宇宙)를 의미한다. 태극문의 기본 뜻은 우주 생성이며, 태극은 음양(陰陽)의 조화로 유교 사상인 성리학(性理學)의 영향을 받아 조선시대에는 행복(幸福)의 의미로 쓰였다. 구한말 때에는 독립을 기원하는 의미로 팔괘문(八卦紋)과 조화를 이루어 태극기 무늬로 사용되었다.

Manjamun and Taegeukmun / Manja Pattern and Greate Absolute Pattern

The Manja pattern and Taegeuk pattern must be seen as one concept because Taegeuk pattern is a transformation of Manja pattern. Once Manja pattern is rotated, it forms 4 Taegeuk, 3 Taegeuk, 2 Taegeuk, and circle depending on the rotational speed. Once it is stopped, it forms Manja pattern again. The 4 Taegeuk forms five elements in the east, west, south, and north centered on the middle whereas 3 Taegeuk forms heaven, earth, and man. 2 Taegeuk forms Yin and Yang and the circle means the universe. The basic meaning of the Taegeuk pattern is the creation of universe. It is the harmony of Yin and Yang which was used with the meaning of happiness in the times of Joseon Dynasty due to the influence of Neo-Confucianism idea. In the late period of Joseon, it was used as the Korean flag named Taegeukgi by making harmony with Eight Trigrams Pattern with a wish for independence.

문자문 文字紋

글은 천지(天地)의 마음이며 도문일치(道文一致)의 이념이다. 역경(易經)에서 '글은 세상을 움직이는 힘이 있다'고 했는데 글이 이 세상의 움직임을 고무할 수 있는 것은 우주의 원리를 체현한 도문이기 때문이라고 한다.

글은 액을 물리치고 복을 가져오는 주술적인 힘을 지닌다는 속신이 있다. 잡귀를 쫓기 위해 붉은 글을 써 붙이고, 무병장수(無病長壽)를 위해 숫자를 새겨 넣으며, 헌 가구를 들여올 때 잡귀가 따라오지 않도록 네 귀퉁이에 '임금 왕(王)'자를 써 붙였다고 한다. 민화에서도 책거리 문자도(文字圖)를 많이 사용하였으며 글씨에 잉어, 연꽃 등의 사물을 곁들여 상징성을 부여하였다. 자체(字體)를 변형시켜 기하학적인 무늬로 처리하거나 수명장수(壽命長壽)등 길상자(吉祥字)를 극대화시켜 문자문(文字紋)으로 발전시켰다. 수복(壽福), 강녕(康寧), 부귀(富貴), 다남(多男), 길상여의(吉祥如意) 등은 조상들이 지녔던 희구(希求)를 표현한 것으로 서민이나 양반의 구별 없이 지니고 있었던 바람이었다. 이러한 바람이 길상문자(吉祥文字)로 도안화되거나 변형되어 무늬로 사용되거나 직접 써서 표현되기도 하였다. 문자문은 경사스러움을 강조하기 위하여 쌍희(囍)자를 쓰거나 축복(祝福)을 기원하는 의미로 쓰였다.

Munjamun / Chinese Character Pattern

The characters are the heart of heaven and earth and it is a idea of practical value of sentence. According to I Ching, 'The characters have power to move the world'. The characters can inspire worldwide movement because it is the way of cultivating oneself with embodiment of principles of the universe. There's a superstition that characters have shamanistic power to prevent bad lucks and bring luck. It was common to attach a red characters to drive evil spirits away, carve numbers for healthy and long life, and placed letter 王(king) in the four ends of the used furniture in order to prevent evil spirits from coming in. The folk paintings used drawings of Chinese Characters, books, ink stone, ink stick, brush, and other writing supplies. The characters were accompanied with objects such as carps and lotus to embody symbols. The shapes of the characters were modified to create geometric pattern or the lucky omens such as 壽命長壽(long life) were maximized to develop Chinese Characters patterns. Long life(壽福), happiness and peace(康寧), wealth(富貴), many sons(多男), and lucky omens turning out as expected(吉祥如意) are expressions of desires of the ancestors whether of noble or not. Such desires turned into designs of lucky omen characters, used as patterns, and expressed in real writing. The Chinese Characters pattern used Ssanghui(囍 which is a double 喜 meaning delight) to emphasize the happiness. Also it was used with a meaning of wishing blessings.

쌍희자문 囍字紋

용호상희(龍虎相喜)를 말하는 것이며, 원래는 부부가 서로 즐거움을 나눈다는 뜻으로 천지(天地), 음양(陰陽), 화합(和合)의 의미로 쓰인다. 그 의미가 확대되어 문무(文武)의 쌍희, 군신(君臣)의 쌍희, 부부간의 쌍희의 의미도 가지게 되었다. 일반적으로 희(喜)자가 두 개 나란히 붙어있는 모양으로 쌍희(囍)자는 음양의 화합을 추구하는 동양의 전통사상에서 나온 것이다. 쌍희문(囍紋)은 기쁨과 기원(祈願)의 의미를 지닌다.

Ssanghuijamun / Double Delight Pattern

It refers to the Yonghossanghui which means that a couple shares their delight. It is used as the harmony between heaven and earth, and Yin and Yang. The meaning was expanded to Ssanghui between literary and martial arts, the ruller and ruled, or husband and wife. The shape is a double Hui(喜) which came from the oriental traditional ideas seeking for the harmony between Yin and Yang. The double delight pattern has the meaning of delight and wish.

식물문 植物紋

식물은 우리나라 전통(傳統) 무늬(紋樣)에서 가장 많이 사용되고 있으며 국화, 연꽃, 매화, 난초, 소나무, 대나무, 포도, 모란 등 다양하다. 식물문 가운데 가장 많이 사용되는 것은 국화, 연꽃, 모란으로, 단독무늬와 연속무늬로 이루어져 있다. 떡살에서는 꽃, 잎, 줄기, 열매 등의 무늬를 사용하고 꽃과 잎은 평면 또는 입체로 도안화하여 사용하거나 사실적으로 표현한다.

Sikmulmun / Plant Pattern

Plant pattern is most frequently used in Korea with variety of kinds including chrysanthemum, lotus flower, apricot, orchid, pine tree, bamboo, grape, and peony. The most frequently used plant patterns are chrysanthemum, lotus flower, and peony which are composed of individual patterns and continuing patterns. Tteoksal uses patterns such as flowers, leaves, stems, and fruits and the flower and leaves are made into plane or three dimensional designs to use or represented realistically.

금잔화문 金盞花紋

금잔화는 여름에 피어나는 꽃으로 가느다란 꽃잎이 한데 모여 한 송이의 노란 꽃을 이룬다. 우리나라에서는 금송화(金松花)라 부른다. 금잔화는 꽃잎 모양이 여러 잎으로 이루어져 있어 안정감이 있으며 자연스러운 조형미를 보여준다. 밤이면 오므라드는 특징 때문에 태양(太陽)을 상징하기도 한다.

Geumjanhwamun / Common Marigold Pattern

Common Marigold is a summer blooming flower that slander petals gathered together to form a yellow flower. It is called Geumsonghwa in Korea. A number of petals form the shape of petal of common marigold showing a stable and natural aesthetic value of sculpture. It also symbolizes the sun because the petals are closed at night.

나리꽃문 百合花紋

우리나라에서 나리꽃은 풍요와 순결을 상징해 왔다. 해마다 봄이 오면 나리꽃이 피는 것으로 그 해의 기상을 점치기도 했다. 나리꽃이 많이 피면 그 해에는 장마의 피해가 없고 풍년이 든다고 믿었다.

나리꽃은 중국이 원산지이며 한자로 '백합(百合)'이라 한다. 백합은 다년생이며 순결과 사랑을 상징한다. '百合'이라는 한자의 이름에서 '百'은 온갖 것, 모든 것을 의미하므로 백합은 모든 것을 합한다는 뜻을 지닌다. 이는 백합의 뿌리가 수많은 얇은 조각이 합쳐져 알뿌리로 이루어졌기 때문이다. 잔뿌리가 백 개라서 백합이라고 부르게 되었으며, 백사여의(百事如意)나 백사대길(百事大吉)의 뜻을 나타낸다.

백합의 뿌리에 사(事)를 나타내는 감이나, 여의(如意)를 가리키는 불로초(不老草), 그리고 대길(大吉)과 독음이 비슷한 대귤(大橘)을 함께 배치한다. 동양에서는 연꽃과 같은 상징성을 지니며 풍작(豊作), 다산(多産)을 상징한다.

Narikkonmun / Lily Flower Pattern

The lily flower has been symbolizing abundance and purity. People used to forecast the weather of the year with the blooming lily in the spring and believed that more blooming of lily flowers will reduce the damages in the rainy season and bring in the good harvest.

Lily is originally from China and is called 'Baekhap(百合)'. It is perennial plant symbolizing the purity and love. The Chinese Character '百' means everything and '合' means combine. So '百合' means to combine everything because the root of lily is a bulb composed of numerous thin parts. The term Baek(百) was used because there are 100(also has same character 百) rootlets in the root. It contains the meaning of Baeksayeoui(everything come up to one's expectation) or Baeksadaegil(everything is blessed with luck).

The root of lily is arranged together with persimmon which means affairs, elixir plant which means turning out as one's expectation, and large tangerines which sounds similar to the Daegil(great auspiciousness). In the oriental, it symbolizes good harvest and fecundity like lotus.

당초문 唐草紋

당초무늬(唐草紋樣)는 덩굴무늬, 초엽무늬라고도 한다. 인동당초, 싸리당초, 보상화당초, 포도당초, 국화당초 등 여러 가지 명칭이 있으나 그 넝쿨의 모양새나 잎은 같으면서도 부분적으로 꽃무늬가 들어간 것을 뜻한다.

덩굴무늬(唐草紋樣)는 단독무늬로 쓰이는 것보다 다른 무늬와 복합적으로 사용하는 경우가 많다. 덩굴무늬는 장수(長壽)와 대(代)를 잇는다는 의미로 쓰인다.

Dangchomun / Arabesque Pattern

Arabesque pattern is also called vine pattern or coleoptile pattern. There are diverse names like Indongdangcho, Ssaridangcho, Bosanghwadangcho, Pododangcho, and Gukhwadangcho but these all means same shape of the vine and leaves with partially different flower patterns.

The vine patterns are generally used in combination with other patterns instead of used single pattern. The vine pattern contains the meaning of long life and carrying on the family line.

도라지꽃문 桔梗花紋

민담에서 도라지는 억눌린 성적(性的) 본능의 구상물(具象物)로 표현된다. 한 미모의 부잣집 딸에게 밤마다 정체 모를 사내가 찾아와 사랑을 쏟고 간다. 딸은 고민하다 부모에게 이 사실을 고하고, 부모는 그 사내의 옷깃에 실을 낀 바늘을 몰래 꽂아두도록 시킨다. 이튿날 실을 따라가 보니 인근 산중에 묻힌 도라지 뿌리에 바늘이 꽂혀 있었다.

Dorajikkonmun / Ballon Flower Pattern

In the folk tales, the ballon flower is represented as the embodiment of suppressed sexual desire. An unknown man visits a beautiful daughter of rich family and pours his love. The daughter agonizes about it but eventually tell her parents about it. The parents tell daughter to secretly leave a needle with thread on the cloth of the guy. On the next day, the needle was found to be on a balloon flower buried in the neighboring mountain.

도라지꽃은 깊은 계곡의 풀꽃 사이에서 피어나며, 여름부터 가을까지 청초함과 아름다움을 혼자 차지하고 있는 꽃으로 소박하고 순진한 자태로 모성애(母性愛)를 느끼게 하는 꽃이다. 성적(性的)인 의미도 지닌다.

The ballon flower blooms in the midst of flowering plants in the deep valleys. This flower take possession of pureness and beauty from the summer to fall and makes people to feel mother's affection due to its simple and innocent figures. It also contains sexual meanings.

동백꽃문 多栢花紋

동백은 열매가 많이 열리기 때문에 다자다남(多子多男)을 상징한다. 전통 혼례식 때 동백나무와 대나무 가지를 꽂은 항아리를 놓는 것은 이 나무들이 추운 겨울을 잘 견디기 때문에 혼인 후에 어려움을 잘 견디라는 의미이다. 동백나무 가지로 여자의 볼기를 치면 아들을 낳는다 하였는데, 이 가지를 묘장(卯杖)이라 하였다. 만약 동백나무를 구하지 못하면 호랑가시나무나 대추나무, 복숭아나무 가지가 동쪽으로 향한(辰方) 것을 사용하였다.

동백꽃은 빛깔이 유난히 붉어 불타오름을 뜻하여 정열적인 사랑을 나타내고, 겨울 또는 초봄에 꽃을 피워 청렴(淸廉), 절조(絶調), 굳은 이상(理想)을 상징한다. 동백나무는 엄동설한에 잘 견디며, 겨울에 꽃을 피우고 꽃이 질 때에는 꽃송이 채 떨어짐으로 군자(君子)의 의미를 지닌다. 상록수이므로 장수(長壽)의 의미로도 쓰인다.

Dongbaekkonmun / Camellia Flower Pattern

Camellia flower symbolizes many children, especially many sons as it bears lots of fruits. The traditional wedding places a jar filled with camellia trees and bamboo trees with a meaning that the couple bear the difficulties after wedding well just like these trees bear the cold winter very well. There's a superstition that if one hits a woman's bottom with the branch of camellia tree, then the woman will bear son. This branch was called Myojang. But when people couldn't find the camellia branch, people used a east directed branch of horned holly tree, jujube tree, and peach tree.

The color of the camellia flower is particularly red which means the firing and represents passionate love. It symbolizes uprightness, honor, and firm ideals as it blooms in the winter or early spring. The camellia flower endures the frigid winter, bloom in the winter, and the whole flower falls down. It has a meaning of man of virtue. It is also used as the meaning of long life since it is a evergreen tree.

모란꽃문 牧丹花紋

모란꽃은 자라나는 형태를 보고 앞날의 길흉을 점치는 점구(占具)로 사용되었다. 꽃과 잎이 아름답고 풍성하게 피어나면 복된 앞날이 있고, 꽃이나 잎이 갑자기 시들면 불길한 일이 일어날 것으로 여겼다.

모란꽃문은 혼인 때 많이 사용하던 전통 무늬(傳統紋樣)이다. 신부의 예복이나 활옷에 모란꽃 수를 많이 놓았으며, 왕비나 공주의 옷도 모란꽃 무늬로 장식하였다.

부귀영화와 함께 천하제일의 아름다움을 상징하며 절세미인을 모란꽃과 곧잘 비유하였다. 선비의 책거리에도 모란꽃을 그렸는데 모란꽃이 부귀와 공명을 상징하기 때문이다. 모란꽃은 꽃 중의 으뜸이라는 존칭을 받았으며 화목(和睦), 부귀영화(富貴榮華), 번영(繁榮), 축귀(逐鬼)의 의미로 쓰인다.

Morankkonmun / Peony Blossom Pattern

The shape of growing peony blossom was used as a divination sign tool to tell the fortune in the future. The flower and petals growing beautifully and abundantly is followed by fortunate future and sudden withering of the flower and petals is harbinger of unfortunate events.

The peony blossom pattern was frequently used in the wedding. It was used to put peony embroiders on the formal dress or Hwarot(traditional wedding dress) of the bride. Also, the clothes of queen and princesses were decorated with peony embroiders.

The peony blossom symbolizes the wealth and honor as well as the unique beauty, and the great beauties were compared peony blossom. The writing supplies of classical scholars were decorated with peony blossoms because it symbolizes wealth and honor. The peony blossom was considered as the best among all flowers and used with meanings of harmony, wealth and honor, prosperity and exocism.

목련화문 木蓮花紋

목련은 4월 중순부터 가지에 잎이 나기 전에 꽃을 피우는데, 지름은 10cm 정도이고, 꽃잎은 여섯 개에서 아홉 개이며, 긴 타원형으로 백색과 자주색이 있다. 사랑의 의미로 혼인(婚姻)에 사용하는 무늬이다.

Mongnyeonhwamun / Magnolia Pattern

Magnollia bloom from the mid April to before the branch has new leaves. The diameter of the flower is about 10 cm with 6 to 9 petals. It has long oval shape and colors of white and wine. This pattern is used in the wedding with a meaning of love.

무궁화문無窮花紋

무궁화는 햇빛을 받을 때 온 생명을 다해 피고 해가 지면 꽃이 떨어진다. 이는 세속적인 행복(幸福)과 부귀영화(富貴榮華)의 덧없음을 의미한다. 무궁화는 억겁(億劫)의 세월 속에서 일순간에 사라져버리는 하루살이와 같은 인생을 비유하며, 순간순간 최선을 다하고 행복(幸福)의 절정에서 자만하지 않고 겸손해야 함을 일깨워 준다.

무궁화를 우리나라의 국화로 섬긴 이유는 각별하다. 무궁화의 꽃 하나하나는 하루 만에 지지만 나무 전체로 볼 때에는 끊임없이 새로 피어나는 무궁한 영화(榮華)의 나무이기 때문이다.

Mugunghwamun / Rose of Sharon Pattern

The rose of Sharon blooms with its all life when it receives the sun and the flower falls when the sun sets. This means that the mundane happiness, wealth, and honor are transient. The rose of Sharon is assimilated to the life of mayfly which disappears in a instant within the eternal time. Also it reminds people to do one's best in every moment, not be proud in the zenith of happiness but be humble.

The reason for selecting the rose of Sharon as our national flower is very special. The flower of rose of Sharon falls each day but the endlessly blooming flowers symbolize endless glorification.

백일홍꽃문百日紅花紋

백날을 두고 계속 핀다하여 백일홍이라 부른다. 옛말에 '열흘 붉은 꽃이 없다'는 말이 있는데, 한번 성한 것은 얼마 못 간다는 뜻으로 인생의 허무함을 빗대어 쓴 표현이다. 그러나 백일홍만은 오랫동안 꽃을 피워 옛 선인들의 사랑을 독차지하였다. 그 모습은 예쁘고 소박한 시골처녀의 모습과 같이 청초함이 묻어난다. 장수(長壽)와 윤회(輪廻), 정토(淨土)의 의미로 쓰인다.

Baegilhongkkonmun / Crape Myrtle Flower Pattern

It is called Baegilhong because it continuously bloom for a hundred days. There is an old saying that 'there is no flower red for ten days' which means every intact things will degrade. This is a expression alluding to the futility of life. However, it monopolized the love from the virtuous men of the old times as it bloomed for long period. There exists an elegance of beautiful and simple country girl in its shape. It is used with meanings of long life and eternal cycle of life, death, and rebirth.

벚꽃문

벚꽃은 일시에 피었다가 일시에 지는 것이 가장 큰 특징이다. 우리나라가 원산지이며 벚꽃에 대한 애착이 없어 별로 전해지는 것이 없지만, 꽃의 빛깔이 곱고 화사하여 널리 알려져 있다. 우리나라에서는 벚꽃문보다는 배꽃문, 앵두꽃문을 즐겨 사용하였다. 벚꽃문은 구한말 무렵부터 도자기나 옷 무늬에 약간씩 쓰이기 시작하였다. 길상(吉祥)의 의미를 지닌다.

Beotkkonmun / Cherry Blossom Pattern

Cherry blossom has best feature of blooming all at once and falling all at once. It is originated from Korea but there's nothing much remembered for ages due to lack of interest in cherry blossom. However, it is well known for its fine and beautiful color. Pear blossom and Korean cherry blossom were more frequently used than cherry blossom pattern in Korea. The cherry blossom pattern was used on ceramics and clothes from the time of late Joseon Dynasty. It has the meaning of lucky omen.

앵두꽃문櫻桃花紋

꽃과 열매가 자주 시적 대상이 되는 앵두나무는 봄에 불그스레한 꽃을 피우고, 여름에 빨간 열매를 맺는다. 연분홍색과 흰색이 어우러져 사랑을 속삭이는 젊음을 상징하고, 여인의 얼굴과 입술을 상징한다. 혼인식(婚姻式)에 주로 많이 쓰이고 길상(吉相)의 의미도 지닌다.

Aengdukkonmun / Korean Cherry Blossom Pattern

The flower and fruit of Korean cherry blossom tree are often subjects of poetry as it blooms reddish flower in the spring and bears red fruit in summer. The light pink color mixed with white color symbolizes the young people whispering love and face and lip of woman. This pattern is mainly and frequently used in the wedding. It has a meaning of lucky omen.

연꽃문蓮花紋

연꽃은 본래 인도 산으로 불교와 깊은 관련이 있으나 중국으로 유입되면서 불교를 떠나 세속화 되었다. 북송시대(北宋時代)의 유학자 주돈이는 애련설(愛蓮設)에서 '내가 오직 연꽃을 사랑함은 진흙 속에서 낳지만 물들지 않고, 맑은 물결에 씻겨도 요염하지 않으며, 속이 소통하고 밖이 곧으며, 덩굴지지 않고 가지

Yeonkkonmun / Lotus Flower Pattern

Lotus flower is originated from India which had close relationship with Buddhism but it left the world of Buddhism and secularized when it was introduced to China. A Confucian scholar of North Song Dynasty Dunyi Zhou said in his poetry Aeryeonseol 'The reason why I love lotus flower

가 없기 때문이다. 향기가 멀수록 더욱 맑으며, 깨끗이 우뚝 서 있는 품은 멀리
서 볼 것이요, 다붓하고 구경하지 않을 것이니 그러므로 연은 꽃 중에 군자(君
子)라 하겠다.'라고 하였다. 여기서 연꽃은 군자 또는 고고한 선비의 표상이다.
연꽃은 빛의 상징이며 생명(生命)의 근원(根源)으로 인식된다.

연꽃은 불교의 대자대비를 상징하는 무늬로 조형화되어 사용되어 왔다. 진흙
속에 뿌리를 박고 자라면서도 잎사귀에는 더러운 물 한 방울 묻히지 않을 만큼
깨끗한 연꽃을 세파에 물들지 않는 청아함과 고결한 모습을 간직한 군자에 비
유했다. 연잎과 넝쿨은 장생(長生)과 생명(生命), 군자의 기상(氣象)을, 연밥에
촘촘히 박힌 연실(連實)은 다남(多男)을 상징한다. 연꽃은 탄생(誕生), 축복(祝
福), 번영(繁榮), 행운(幸運), 풍요(豊饒), 장수(長壽), 명예(名譽), 태양신(太陽神)
을 상징하고 정토(淨土)의 의미로도 쓰인다. 연꽃은 동양적 의미로 관혼상제(冠
婚喪祭)에 모두 쓰이며 하늘의 궁(宮)을 의미하기도 한다.

alone is because it lays in mud but do not get stained, it is not sensuous despite it is washed by clean water, the inside communicates, outside is upright, and does not have vines and branches. The scent is clear as farther as it gets, the clearly standing pose can be seen from far away, dense but not spectating. Therefore, lotus can be called noble flower among all flowers.' In here, the lotus flower is the symbol of noble man or detached scholars. The lotus flower symbolizes the light and it is recognized as the source of life.

The lotus flower has been sculpted into a pattern symbolizing the great mercy and compassion of the Buddhism. The lotus flower was very clean as it does not coat any leaf with dirty water despite it takes root in the mud. That is why lotus flower was compared to the noble man who maintained pureness and virtue from hardships of life. The lotus leaves and vines symbolize long life, life, and spirit of noble man, and the densely embedded lotus pips symbolize many sons. The lotus flower symbolizes birth, blessing, prosperity, luck, abundance, long life, honor, and sun god. Also it is used with the meaning of paradise. The lotus flower is used in all ceremonial occasions of age, wedding, funeral, and ancestral rites with the Oriental meaning. Also it means the palace in the sky.

연잎문 蓮葉紋

연잎의 잎을 하엽(荷葉)이라 한다. 옛날에 연꽃을 이르러 꽃 중에 군자(君子)
라 하였고, 진흙 속에서 피어나도 꽃잎은 더러운 물이 묻지 않는다 하여 대체
로 불교적인 의미로 알려져 있다. 꽃잎과 넝쿨이 어우러진 모양은 장생(長生),
생명의 자비(慈悲), 군자의 기상(氣像)으로 표현된다. 민화적 의미로 고귀한 품
위와 모성애(母性愛)의 의미를 지닌다.

Yeonnimmun / Lotus Leaves Pattern

The leaves of lotus are called as Hayeop. In old days, people referred to lotus as the noble flower among flowers and the Buddhistic meanings are well known for that it blooms in the mud but never gets its leaves dirty. The mingled shape of flower petals and vines are represented by long life, mercy of life, and spirit of noble man. The leaves of lotus contain the meaning of noble dignity and maternal affection in the perspective of the folk painting.

월계화문 月桂花紋

월계화는 사계절에 걸쳐 모두 피어있다 하여 사계화(四季花)라 한다. 본래 이
꽃은 세 종류로 나누어 볼 수 있는데 3월, 6월, 9월, 12월에 붉게 피는 꽃을 사
계화(四桂花), 분홍색으로 잎은 둥글며 큰 꽃을 월계화(月桂花), 푸른 줄기가 넝
쿨로 뻗어나가 봄과 가을에 한 번씩 피는 꽃을 청간화(靑竿花)라 한다. 부처님
의 자비로움과 정토(淨土)의 의미로 사용된다.

Wolgyehwamun / China Rose Pattern

The China rose is known as four season flower because the flower blooms over four seasons. Originally this flower can be classified into three types. Red flower blooming in March, June, September and December is called four season flower, pink flower with round petals are called Wolgyehwa(Chinese rose), and the blue rose blooming once in spring and once in fall with blue stem stretching as vines are called Cheongganhwa. This flower is used with the meaning of Buddha's mercy and paradise.

이화문 梨花紋

배와 배꽃은 장수를 상징하며 이는 배나무의 긴 수명에서 유래했다. 배꽃은 화
려함과 담백한 이미지로 쓰이는데 이는 눈처럼 하얀 데서 비롯되었다. 배는 상
서로움, 희망, 높은 벼슬을 상징한다. 제사상의 주된 과일인 대추, 밤, 배, 감은
특별한 의미가 있는 전통적인 과일이다.

밀양 박씨 문중에서 이르기를 대추는 씨가 하나인 과일로 열매에 비해 그 씨가

Ihwamun / Pear Blossom Pattern

The pear and pear blossom symbolize long life which was originated from the long lifespan of pear tree. The pear blossom is used for colorful and plain image because it is as white as snow. The pear symbolizes auspiciousness, hope, and high government position. Along with the main fruits of the memorial ceremony table such as jujube, chestnut, and persimmon, pear is a traditional fruit with special meaning.

큰 것이 특징으로 왕(王)을 상징하고, 밤은 한 송이에 씨알이 세 톨이어서 삼정승(三政丞)을, 배는 씨가 여섯 개여서 육판서(六判書)를, 감은 씨가 여덟 개이니 팔방백 즉 관찰사(觀察使)의 의미를 지닌다고 하였다. 이화문(梨花紋)은 다산(多産)과 번영(繁榮)을 상징한다.

In the family of Milyang Park's, there is a saying that jujube symbolizes king because it has a characteristic size of its seed which is large in comparison to its fruit. Chestnut symbolizes three prime ministers as one chestnut has three seed whereas pear symbolizes six ministers as it has six seeds, and persimmon symbolizes the 8 governors as it has 8 seeds. The pear blossom pattern symbolizes the fecundity and prosperity.

오얏꽃문 李花紋

오얏꽃은 일명 자두꽃이다. 꽃잎은 다섯 개이며 봄이 되면 깊은 겨울잠에서 깨어나듯 살며시 청초한 하얀 꽃잎을 피우는 것이 이화(李花)이다. 오얏꽃무늬는 우리나라의 대표적인 꽃무늬로 이화(李花)의 '李'자가 '李'씨 왕조의 '李'자와 같아 조선시대에 왕실에서 사랑을 받았다.

조선시대의 사군자 무늬는 문인화가들이 많이 그렸으며, 오얏꽃무늬는 위엄을 잃지 않으려는 양반과 귀족들이 즐겨 썼다. 실례로 다섯 개의 오얏꽃무늬 중심에 태극무늬와 같은 길상무늬를 조각하여 궁궐에서 문장(紋章)으로도 쓰였다.

Oyatkkonmun / Plum Blossom Pattern

The Oyatkkot is so called plum blossom. It has five petals and blooms white and pure petals in the spring as if it is awaken from the deep hibernation. It is called as Ihwa(李花). The plum blossom pattern is the typical flower patterns in Korea. It was loved by the royal family of Joseon Dynasty because the I(李) is same as the family name of the royal family of Joseon Dynasty.

Mainly literati painters drew the patterns of the Four Gracious Plants that Nobles enjoyed using the plum blossom pattern to maintain their dignity. For example, the palace sculptured auspicious pattern such as Taegeuk pattern in the middle of the five pear blossom patterns and used it as crest.

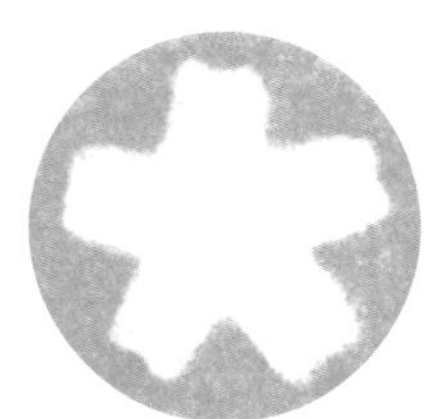

접시꽃문 蜀紋

흔히 접시꽃이라 부르지만 원래는 어승화다. 이 꽃은 줄기와 잎은 물론 꽃까지도 아욱과 비슷하여 당아욱이라고 한다. 무궁화꽃보다 크면서 요염스러운 자태가 있어 흔히 무당에 비유된다. 무속화나 무속에 있는 종이꽃으로 만들어 쓰기도 하고, 꽃 창살 무늬나 장식의 소재로 많이 사용되었으며, 길상(吉祥)의 의미와 축귀(逐鬼)의 의미도 지닌다.

Jeopsikkonmun / Hollyhock Pattern

It is often referred as hollyhock but it is originally Eoseunghwa. The stem, leaves, and the flower are similar to Auk(curled mallow) which is also called Dangauk. It is often compared to shaman because the flower is larger than the rose of Sharon and has sensuous figure. It is often used as shamanistic flower and paper flowers made for use in shamanism. Also, it is widely used as decoration and flower patterns on window bar. It also symbol of lucky omen and exocism.

진달래꽃문 杜鵑花紋

진달래꽃은 참꽃이라 하고, 철쭉꽃은 개꽃이라고 한다. 또는 지역에 따라 진달래를 철쭉이라 하고, 철쭉을 진달래라 하기도 한다. 철쭉꽃은 좋지 않은 냄새와 독성이 있어 먹을 수가 없으며, 진달래는 먹을 수 있는 꽃이다. 진달래는 척박한 산과 언덕에서 무성히 자라는 번식력과 생명력이 있다. 진달래는 강한 생명력을 수반한 봄기운의 상징과 함께 죽음인 겨울을 이기고 살아남은 거듭살이의 힘을 상징한다. 우리나라의 대표적인 봄꽃이라 하는 진달래는 두견화(杜鵑花) 또는 산척촉(山躑蠋)이라고도 한다. 진달래는 여성(女性)을 상징하며 절개(節槪)의 의미도 지닌다.

Jindallaekkonmun / Azalea Flower Pattern

Azalea flower is also called Rhododendron weyrichii Maxim whereas royal azalea flower is called scentless chamomile. Depending on the region, azalea flower is called as royal azalea in some place and royal azalea is called as azalea in some other place. The royal azalea is not edible due to odor and toxicity whereas azalea is edible. Azalea flower has the strong reproduction and vitality to overgrowing in barren mountains and hills. The azalea flower symbolizes the feeling of spring accompanying strong vitality and power of repeated life which overcame and survived through the winter called death. The azalea flower is typical spring flower in Korea which is also called Dugyeonhwa or Sancheokchok. It symbolizes females and has the meaning of fidelity.

치자꽃문 梔子花紋

치자꽃은 7~8월에 흰색으로 피고 꽃잎은 여섯 장이다. 치자라 불리는 노란색 열매는 달걀을 거꾸로 세운 모양으로 타원형이며, 9월에 주황색으로 익는다. 위에 꽃받침이 남아 있으며 성숙해져도 갈라지지 않는다. 치자꽃은 그 아름다움보다는 향기가 좋아 들꽃 중에서 특히 사랑을 받아왔다. 주로 불교적인 장식무늬와 길상(吉祥)의 의미로도 쓰인다.

Chijakkonmun / Gardenia Flower Pattern

The white gardenia flower with six petals blooms around July and August. It has a yellow fruit called Chija which is a oval shape looking like an egg flipped upside down. The fruit matures in September with orange color. The sepal remains in the top and do not be split even after being matured. The gardenia flower has been loved among wild flowers for its fine scent rather than its beauty. It is mainly used for the Buddhistic decoration patterns.

파초문 芭蕉紋

파초는 신선의 풍치를 지니고 있으며, 아름다운 꽃과 열매를 맺어 귀(貴)를 상징한다. 또한 겨울에도 말라죽지 않고 봄이 되면 새순이 다시 나온다 하여 기사회생(起死回生)의 의미도 지닌다. 파초문은 불교적 의미와 큰 인물이 되라는 기원(祈願)과 길상(吉祥)의 의미를 지닌다.

Pachomun / Banana Plant Pattern

The banana plant has the elegance of Taoist hermits that its beautiful flower and fruit symbolize preciousness. Also banana plant does not die in winter with a bud growing in the spring, and it has the meaning of revival. The banana plant has Buddhistic meanings as well. Pachomun involves an wish to be a great person.

함박꽃문 芍藥花紋

함박꽃은 상냥하고 가냘픈 모양이 있어 작약(芍藥)이라고도 한다. 꽃의 색상은 붉은색, 흰색, 노란색, 자주색 등 다양하며 다채롭고 청순한 멋이 깃들어 있다. 주로 혼인할 때 다산(多産)과 길상(吉祥)의 의미로 사용하는 무늬이다.

Hambakkkonmun / Chinese Peony Flower Pattern

The chinese peony flower has friendly and feeble shape which makes it called as Jakyak. The colors of the flower vary from red to white, yellow, wine, and others with colorful and innocent style. This pattern is mainly used in the wedding with the meaning of lucky omen.

해당화문 海棠花紋

해당화를 해당나무, 해당과(海棠果), 필두화(筆頭花)라고도 하는데 바닷가 모래땅에서 흔히 자란다. 꽃은 오월에서 칠월 사이에 피고 가지 끝에 1~3개씩 달리며 주로 붉은색이지만 흰색 꽃도 있다. 여인들의 옷 무늬로 많이 쓰이며, 화사한 색과 소담스러움이 젊음을 상징하여 주로 혼인할 때 길상(吉祥)의 의미로 사용한다.

Haedanghwamun / Sweetbrier Pattern

The sweetbrier is called sweetbrier tree, sweetbrier fruit, or Pilduhwa(end of brush flower). This flower is commonly growing in the sandy soil of seaside. The flower blooms between May and July, and 1~3 flowers hang in the end of each branch. The main color is red but there are some white flowers. This pattern is used in the cloth patterns of lovers, and the beautiful color and lusciousness symbolize the youth. It is often used in the wedding as a lucky omen.

패랭이꽃문 石竹花紋

패랭이꽃은 석죽화(石竹花)라고도 하며, 축수(祝壽)를 의미한다. 민화나 자수에 다른 무늬와 함께 많이 쓰이며 다산(多産)과 길상(吉祥)의 의미도 지닌다.

Paeraeng-ikkonmun / China Pink Pattern

The China pink is also called Seokjukhwa(stone and bamboo flower) which means wishing for long life. This pattern is frequently used in folk painting and embroidery along with other patterns. It has a meaning of lucky omen.

삼다문 三多紋

삼다는 다수(多壽), 다복(多福), 다남(多男)을 일컫는 것으로 인생의 최대 행복(幸福)을 상징한다. 삼다 신앙의 상징적인 식물무늬는 복숭아(天桃), 불수감(佛手柑), 석류(石榴)다. 이 세 가지는 오래 살고 복을 받으며 아들을 많이 두기를 기원하는 무늬이다. 전통떡살(傳統餅型)에서는 삼다(三多)의 의미로 문양(紋樣)을 새기기도 하며, 정토(淨土)와 벽사(辟邪)의 의미를 지닌다.

Samdamun / Three Many Things Pattern

Three many things refer to many lives, many fortunes, and many sons, and symbolize the best fortunes of the life. Plant patterns that symbolize the belief of three many things are peach, horned orange, and pomegranate. These three patterns have the meaning of wishing long life and fortunate life with many sons. The Tteoksal is often carved with patterns with the meaning of three many things. Also this pattern has the meaning of paradise and driving out evil spirit.

복숭아문 天桃紋

민간신앙에 의하면 복숭아와 복숭아나무는 축귀(逐鬼)의 효능을 지닌 것으로 알려져 있다. 잡귀를 쫓을 때는 복숭아나무의 가지를 사용하며, 열매인 복숭아도 같은 기능을 한다고 믿었다. 실례로 복숭아와 그 가지는 축귀(逐鬼)의 효능이 있으므로 제사를 모실 존신(尊信)이나 조상신까지도 쫓아낼지 모른다고 여겨 가까이 두지 않는다 한다. 복숭아나무로 도장을 만들어 호부(護符)로 지니면 효험이 있다고 믿었다. 천도형(天桃形) 연적, 궁중의 천도 그림 병풍, 천도형 수(繡) 장식, 천도무늬 금박 등은 장수를 상징하고, 호부(護符)나 부적(符籍)의 목적을 지녔다.
복숭아나 복숭아꽃은 아름다운 여인에 비유되어 그 과일을 먹으면 얼굴이 예뻐진다고 하였다. 복숭아는 그 형태가 여근에 비유되기도 한다. 도색(桃色)이라는 말은 원래 복숭아꽃 빛깔의 연분홍색을 가리키지만 이보다 남녀사이의 색정(色情)적인 성행위(性行爲)를 의미하는 성격이 더 강하다.
복숭아는 장생(長生)과 복(福)을 상징하는데, 예로부터 복숭아를 먹으면 장수한다는 말에서 연유된 듯하다. 복숭아문은 천도문(天桃紋)이라 불리우고, 일명 수도(壽挑)라고도 한다. 복숭아문은 장수(長壽)의 의미로 십장생(十長生)과 어우러져 쓰이며 벽사(辟邪)의 의미도 지닌다.

Boksungamun / Peach Pattern

According to the folk belief, peach and peach tree have an effect of driving out evil spirits. People used peach tree branch to drive evil spirits and believed that the peach serves same function. In fact, people do not put peach in the memorial ceremony table because they are afraid that the evil spirit driving effect may drive the believed god or the ancestral gods. People believed that having a stamp with peach tree has an effect as periapt. Heavenly peach shaped water dropper, folding screens with drawings of heavenly peach in palace, embroidery decoration with heavenly peach shapes, and heavenly peach patterned gold leaf symbolize the long life and served the purpose of periapt. The peach and peach flowers were often compared to beautiful women with a belief that eating them would make women more beautiful. The shape of peach was compared to the female genitals. The word Dosaek(obscenity) was originally referring to the light pink color of the peach flower but it has stronger meaning of suggestive sexual affairs between man and woman. The peach symbolize long life and fortune which seems to be originated from the old saying that eating peach makes people live longer. The peach pattern is called as heavenly peach pattern or Sudo(meaning to stimulate life). The peach pattern is mingled with Ten Immortals as the meaning of long life. Also it has the meaning of driving out evil spirits.

불수감문 佛手柑紋

불수감은 감귤과에 속하는 과일로 겨울에 열매를 맺으며, 맑은 향기가 있어 북방사람들이 매우 귀하게 여긴 과일이다. 색은 황색이고 모양이 부처의 손을 닮았다 하여 사람들은 불수감이라 부르며 불교적 무늬로 많이 쓰인다. 또한 불수(佛手)의 불(佛)이 복(福)의 발음과 유사하여 복(福)을 상징하고 정토(淨土)의 의미를 지닌다.

Bulsugammun / Fingered Citron Pattern

The fingered citron is a kind of tangerine which bears fruit in the winter with clear scent. The northern people thought of it as very valuable. This yellow colored fruit was called Bulsugam because the shape looks like a hand of Buddha. This pattern is widely used with Buddhistic meanings. Also, the Bul in its name sounds similar to Bok(fortune) which contains the meaning of fortune and paradise.

석류문 石榴紋

석류는 붉은 주머니 속에 빛나는 씨앗들이 빈틈없이 들어 있다. 다남자(多男子)를 연상하기에 충분하고 또한 맛이 시어서 임산부들의 구미에 알맞아 아들 생산이라는 의미와 잘 결합된다. 석류는 불로초와 함께 백자장생(百子長生)의 의미를 가지며, 황조(黃鳥)와 더불어 금의백자(錦衣百子)의 뜻을 지닌다. 석류의

Seongnyumun / Pomegranate Pattern

The pomegranate has bright seeds densely located in the red pouch. It is sufficient to associate with many males which is well combined with giving birth to sons as the sour tastes is suited to the pregnant women's tastes. The pomegranate has the meaning of long life with many children along with elixir plant. Also it has the meaning of

모양과 씨앗이 보석을 간직한 복주머니와 같아서 사금대(沙金袋)라고도 한다. 다산(多産)의 의미로 쓰인다.

Geumeubaekja(Many children with silk clothes) with golden oriole. The shape and seed of pomegranate looks like a lucky bag filled with jewels so it is called Sageumdae(pocket filled with sand and gold). It is used with the meaning of fecundity.

사군자문四君子紋

예로부터 매(梅)와 죽(竹)을 쌍청(双靑)이나 이아(二雅)라 하고, 송(松)과 죽, 그리고 매(梅)를 세한삼우(歲寒三友)라 하였으며, 매난국죽(梅蘭菊竹)을 사군자(四君子)라 했다. 매화는 이른 봄에 추위를 무릅쓰고 눈이 녹기도 전에 제일 먼저 피는 꽃이다. 난초는 깊은 산중에서 은은한 향기를 멀리 퍼트리며 국화는 늦가을의 서리와 추위를 이기고 늦게까지 꽃을 피우고, 대나무는 모든 식물의 잎이 떨어진 추운 겨울에도 싱싱하고 푸른 잎을 유지하여 친구간의 우애(友愛), 신념(信念), 장수(長壽), 길상(吉祥)의 의미로 사용된다.

Sagoonjamun / Four Gracious Plants Pattern

From the old times, apricot and bamboo was called as Ssangcheong(two blues) or IA(two elegance), the pine tree, bamboo, and apricot were called as Sehansamwoo(three friend in the cold winter), and the apricot, orchid, chrysanthemum, and bamboo were called as Sagunja(four gracious plants). The apricot is the first flower to bloom despite the cold of early spring before the snow melt, the orchid spread the delicate scent in the deep mountains, the chrysanthemum blooms til late cold overcoming the frost and coldness of the late fall, and the bamboo maintains fresh and green leaves even in the cold winter when all the leaves of plants are fallen. The four gracious plants are used with meanings of strong friendship among friends, creed, long life and lucky omen.

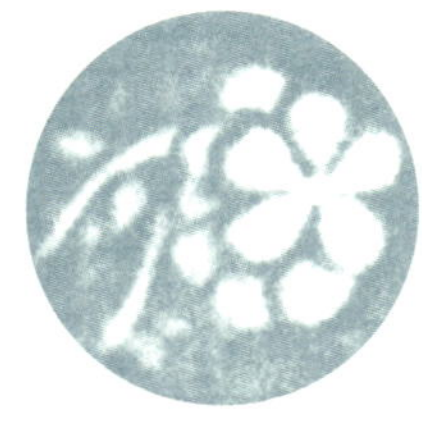

매화문梅花紋

매화는 만물이 추위에 떨고 있을 때 봄소식을 가장 먼저 알려주는 꽃이다. 삶의 의욕과 희망을 되찾아주는 눈 속의 꽃(雪中梅)이다. 겨울의 매화는 죽은 용의 형상인데 여기에 꽃이 피어남은 늙은 몸에서 춘정(春情)이 북돋음을 의미한다. 매화는 추위를 이기고 꽃을 피운다하여 불의에 굴하지 않은 선비정신의 표상으로 많이 쓰이며, 매화의 향은 선비의 고결한 덕의 발현(發現)을 상징한다. 겨울과 봄이 교차하는 시기에 핀다 해서 보춘화(報春花)라고도 한다. 이른 봄에 홀로 피어 봄의 소식을 전하고 맑은 향기와 우아함이 있어 순결, 절개의 상징으로 쓰인다. 흰 매화는 백매(白梅)라 하여 눈썹이 희도록 장수하라는 뜻을 지닌다. 매화와 대나무를 함께 도안화하면 부부(夫婦)를 상징하기도 하는데 매화는 아내, 대나무는 남편을 상징한다.

Maehwamun / Apricot Pattern

The apricot flower informs the news of spring to all who are shaking with the cold before any other flower. It is the flower in the snow and restores the desire for life and hopes. The apricot flower in the winter has the shape of dead dragon and the spring flower means the restoration of spring sentiments in the old body. The apricot flower is often used as the symbol of spirit of classical scholars not to submit to injustice as the flower overcomes the winter and eventually blooms. Also, the scent of the apricot flower symbolizes the manifestation of noble virtue of classical scholars. It is also called as Bochunhwa(flower informing spring) as it blooms in the period when winter and spring intersect.
It is used as the symbol of purity and fidelity because it informs the news of spring as it blooms alone in the early spring and because of its clear scent and elegance. The white apricot flower is called as Baekmae(white apricot) with the meaning of long life until the eyebrow gets white. Drawing of apricot flower with bamboo symbolizes the couple. Apricot symbolizes wife and the bamboo symbolizes the husband.

난초문蘭草紋

난초꽃이 정신적인 완성이나 순결을 상징하는 것은 동서양 모두 마찬가지다. 난초는 동양에서 사군자(四君子)라 일컬어지는 초화(草花)중의 하나로 흔히 군자의 기상(氣象)에 비유된다. 난초 중에서 잎이 구불구불하고 길며 보랏빛 꽃을 피우는 '손(巽)'이라는 품종은 '손(孫)'과 음이 같아서 자손(子孫)을 뜻한다. 따라서 꽃이 핀 난초는 자손을 염두에 두고 그리거나 도안화하여 사용한다. 길상(吉祥)의 의미도 지닌다.

Nanchomun / Orchid Pattern

In the Eastern and Western cultures, the orchid flower symbolizes mental perfection or fidelity. The orchid flower is a kind of flowering plant which is called the Four Gracious Plants. It is often compared to the spirit of noble man. There exists a kind of orchid named 'Son(meaning soft)' which has long and curved leaves and purple color. It means children because it has the same sound as 'Son(meaning descendents)'. Therefore, the bloomed orchid is drawn or made into a design with a consideration for children.

국화문 菊花紋

국화는 늦서리를 견디면서도 청초한 모습을 잃지 않는다. 하여 길상(吉祥), 상서(祥瑞), 장수(長壽)의 의미를 지닌다. 또한 국화는 맑은 아취(雅趣)와 높은 절개(節槪)를 지닌다. 소국은 길상의 의미로, 대국은 정토의 의미로 쓰인다. 민간에서 당굿을 할 때 국화를 조화로 만들어 사용하였다. 당굿이란 마을의 번영을 위해 마을의 수호신에게 감사하는 뜻에서 당산(堂山)이나 신당(神堂)에 지내는 제사이다. 이런 당굿에 국화가 쓰이는 까닭은 국화가 장수(長壽)와 번영(繁榮), 축귀(逐鬼), 선약(仙藥)을 상징하기 때문이다. 국화가 이러한 상징성을 지닌 이유는 중국의 주유자라는 사람이 이를 달여 마시고 신선이 되었다는 고사가 전해지기 때문이다. 우리나라에서도 국화는 신비의 영약이며 몸의 기운을 북돋는 효험이 있다고 믿어 왔다. 국화는 장수화(長壽花)로 기국연년(杞菊延年), 송국연년(松菊延年)이라는 축수(祝壽)의 문구를 붙여 헌화로 많이 사용한다. 이러한 국화는 종류도 많아 산국화, 들국화, 수국화, 울릉국화 등 십 여 종에 이르며, 상하걸(霜下傑), 동리(東籬), 동리군자(東籬君子), 동리가색(東籬佳色), 은일화(隱逸花) 등으로 불린다.

Gukhwamun / Chrysanthemum Pattern

The chrysanthemum has meanings of lucky omen, auspiciousness, and long life because it endures the late forests and maintains its elegant figure. Also the chrysanthemum contains clear elegance and exceptional fidelity. The small chrysanthemum is used with the meaning of lucky omen, and the large chrysanthemum is used with the meaning of paradise. People used artificial chrysanthemum and used in folk Danggut(tutelary rite). The Danggut is a ritual to sacred mountain or shine as a gratitude to the tutelary deity of the village for the prosperity of the village. The reason why chrysanthemum is used in Danggut is because it symbolizes the miracle drug of long life prosperity and exocism. The author believes that the reason why chrysanthemum has such symbolization is because a Chinese fable that a person named Ruzi Zhu who drank boiled chrysanthemum and became a Taoist hermit has been introduced to Korea. Koreans believed that chrysanthemum is a miraculous drug having an effect of energizing the body. The chrysanthemum is the flower of long life which is frequently used as a floral tribute with phrases such as Gigukyeonnyeon and Songgukyeonny both with meaning of wishing for long life. There are about dozen kinds of chrysanthemum including wild chrysanthemum, chamomile, hydrangea flower, and Ulleung chrysanthemum. Also, chrysanthemum is called as Sanghageol(flower under frost), Dongli(eastern fence), Dongligunja(noble man in the eastern fence), Dongligasaek(beautiful color in the eastern fence), and Eunilhwa(hidden flower).

대나무문 竹紋

대나무는 항상 푸름을 유지하며, 번식력이 강한 상록(常綠)이라는 점에서 소나무와 비견되며 영생불멸(永生不滅)을 상징한다. 또 대나무는 신을 부르거나 내리게 하는 신대로 사용된다는 점에서 신화적인 상징성을 유추할 수도 있다. 극단적으로 대나무는 신령의 집, 신령의 통로 등을 상징하지만 신령의 힘, 능력, 위엄 등과 관련된 상징성도 가지고 있다. 민간신앙에서 대나무는 신성한 지역을 상징하는 표지(標識)로 활용된다. 동해안의 별신굿에서는 굿이 시작되기 수일 전 동네의 일부에 '제만도'라는 신성한 지역을 설정하고 대나무로 만든 별신대를 세운다. 꼭대기에 나무로 만든 새를 앉히기도 하는 이 별신대는 그 지역이 신성구역 또는 금지구역임을 알려주고 그 자체가 신물(神物)을 상징한다. 정초에 사람 왕래가 드문 새벽에 문밖에서 대를 태워 잡귀를 쫓는 풍속도 있다. 유교적 의미로 대나무는 지조(志操)와 절개(節槪)를 상징하는 사군자(四君子)의 하나이며 '대쪽 같은 사람'이라는 표현은 불의나 부정과 타협하지 않고 꼿꼿한 사람을 일컫는 말이다. 그러나 이 같은 대나무도 일 년에 한번 술에 취하여 자신을 잊어버리는 날이 있는데 그 날을 죽취일(竹醉日)이라 한다. 대나무는 성질이 너무 곧기 때문에 다른 곳에 옮겨 심으면 잘 자라지 않는데 이 날은 대나무가 술에 취해 있어 옮겨 심어도 뿌리를 잘 내린다고 한다. 대나무는 속이 비어 있어도 강하고 유연한 성질을 가지고 있으며, 사계절 내내 색이 변하지 않기 때문에 군자의 품격(品格)과 절개(節槪)를 상징한다. 대나무는 절개, 지조의 상징보다는 세속적인 의미를 담고 있는 경우가 많다. 예컨대 수(壽)를 상징하는 바위와 함께 등장시켜 축수(祝壽)의 의미를 나타내기도 하며, 설화에서는 벽사(辟邪)의 의미도 지닌다. 대나무가 탈 때 터지는 소리에 귀신이 놀라 달아난다고 하여 축귀(逐鬼), 장수(長壽)의 의미도 지닌다.

Daenamumun / Bamboo Pattern

Bamboo is comparable to pine tree in a sense that it is a evergreen with high reproduction and it symbolizes eternal life. Also, bamboo can have inferred to have mythical symbols as it is used by shamans to call or bring down the spirit. Extremely, bamboo symbolizes the house of spirit or path of spirit and it also symbolizes the power, capability, and dignity of the spirit. In the folk belief, bamboo is utilized as a sign symbolizing sacred region. The Byeolsingut in the Eastern coast of Korea select a sacred region called 'Jemando' in the part of the village and put a bamboo rod on it a few days before the ritual. A wooden bird is placed on top of the rod sometimes. This rod lets people know that the region is sacred or prohibited region. Also the rod itself symbolizes the sacred object. There are some customs to burn the rod outside of the door at early morning of the beginning of the January when there is no passengers to drive evil spirits away. The bamboo is one of the Four Gracious Plants which symbolizes the fidelity and chastity in the Confucianism perspectives. 'A person like a bamboo' refers to a upright person who do not submit to injustice and corruption. However, such bamboo loses itself due to drinking once a year which is called Jukchuieel(A day when bamboo is drunk). The bamboo has too straight properties which make it hard to grow once it is replanted. But it is told that the bamboo lays its root very well in that day because it is drunk. The bamboo symbolizes the dignity and fidelity of noble man because it has strong, flexible, and evergreen properties despite it is empty inside. However, bamboo often contains mundane meanings rather than the symbol of fidelity and chastity. For example, bamboo is used with a rock symbolizing life to have the meaning of wishing for long life or has the meaning of driving evil spirit away in the fables. It drives evil spirit away because the evil spirits are scared by the sound of bamboo exploring as it burns.

12지문 十二支紋

12지는 땅에서 나타나는 현상을 12지라하여 삼라만상(森羅萬象)의 무궁무진한 조화를 나타내는 부호(符號)이다. 지지(地支)에는 동물 이름이 있는데 자(子)는 쥐, 축(丑)은 소, 인(寅)은 호랑이, 묘(卯)은 토끼, 진(辰)은 용, 사(巳)는 뱀, 오(午)는 말, 미(未)는 양, 신(申)은 원숭이, 유(酉)는 닭, 술(戌)은 개, 해(亥)는 돼지를 나타낸다.

쥐는 눈동자가 없고, 소는 어금니가 없으며, 호랑이는 목이 없고, 토끼는 입술이 없고, 용은 귀가 없고, 뱀은 다리가 없고, 말은 담이 없고, 양은 눈동자가 없고, 원숭이는 비장이 없고, 닭은 신장이 없고, 개는 위장이 없고, 돼지는 힘줄이 없다고 한다. 이 모든 것을 다 가지고 있는 것이 인간인데 그래서 인간을 만물의 영장이라 한다.

천간(天干)의 동물은 갑(甲)은 여우, 을(乙)은 담비, 병(丙)은 사슴, 정(丁)은 노루, 무기(戊己)는 땅이고, 경(庚)은 까마귀, 신(辛)은 까치, 임(壬)은 제비, 계(癸)는 박쥐이다. 건곤간손(乾坤艮巽)의 건(乾)은 이리, 곤(坤)은 자라, 간(艮)은 바닷게, 손(巽)은 도롱뇽의 이름을 가지고 있다. 천간(天干)과 건곤간손(乾坤艮巽)을 합쳐 12천간을 만들어 12지지와 함께 나침반의 기본이 되는 4층의 지반정침(地盤正針)의 24방위(方位)가 되고 나침반의 좌향(坐向)이 된다.

12지는 열두 계절을 가리키며, 예를 들어 입춘(立春), 우수(雨水)가 인월(寅月)인데 입춘은 절기고, 우수는 절후이고, 여기에서 끝 자를 따서 기후가 나온다. 그 기후가 한 계절이다. 그러나 사람들이 계절을 느끼지를 못해 인묘진(寅卯辰)을 봄철, 사오미(巳午未)를 여름철, 신유술(申酉戌)을 가을철, 해자축(亥子丑)을 겨울철로 정해 놓았다. 우리 속담에 철들었다는 이야기는 여기에서 나온 봄, 여름, 가을, 겨울철을 말하는 것이다. 12지 동물의 띠의 특징에 대해서 말하자면, 쥐띠는 경계심이 심하고, 소띠는 겁이 많고, 호랑이는 인내심이 강하며, 토끼는 예민하고, 용띠는 의심이 많으나 인내심이 강하고 요술과 변화를 일으키며, 뱀띠는 의심이 많고 참을성이 없으며 허물을 벗는 변화를 일으키고, 말띠는 성격이 급하며, 양띠는 차분하고, 원숭이띠는 잔머리를 많이 쓰며, 닭띠는 예민하고, 개띠는 성질이 급하며, 돼지띠는 차분하면서 인내심이 강하다고 한다.

궁합은 보통 띠로 보는데, 사실 띠로 궁합을 보는 것은 맞지 않는 이야기이다. 사주에서 네 기둥이 있는데 연주(年柱)는 할아버지, 월주(月柱)는 부모, 일주(日柱)는 자신, 시주(時柱)는 자녀를 나타낸다. 띠는 할아버지를 의미하기 때문에 자신과는 별 상관이 없다. 궁합을 보려면 일주(日柱)를 중심으로 보아야 한다. 子—未는 쥐의 배설물이 양의 털에 묻으면 털이 썩어 쥐를 싫어한다고 한다.

丑—午는 소는 온순하고 주인의 말을 잘 들으며 일을 열심히 해도 말에 비해 사랑을 받지 못해 소의 입장에서 말을 싫어한다고 한다. 寅—酉는 호랑이는 자기가 동물의 왕인데 닭이 왕관을 쓰고 있어 닭을 미워한다고 한다. 卯—申은 토끼는 자신의 빨간 눈이 가장 아름답다고 생각하는데, 원숭이의 엉덩이가 빨간색이어서 원숭이를 싫어한다고 한다. 辰—亥는 용은 자기 코가 제일 잘 생겼다고 생각하는데 못생긴 돼지가 자기 코를 닮아 돼지를 싫어한다고 한다. 巳—戌은 뱀은 개 짖는 소리를 들으면 허물이 벗겨질 정도로 소름끼쳐 해서 개를 싫어한다고 한다. 궁합은 띠로 보는 것이 아니라 일주(日柱)를 중심으로

Sibijimun / Twelve Earthly Branches Pattern

The 12 Earthly Branches is a symbol referring to the phenomena arising from the earth and representing the endless harmony of all natures. Each branch has the assigned name of animal such as Ja correspond to rat, Chuk correspond to cattle, In correspond to tiger, Myo correspond to rabbit, Jin correspond to dragon, Sa corresponds to snake, O corresponds to horse, Mi corresponds to sheep, Sin corresponds to monkey, Yu corresponds to chicken, Sul corresponds to dog, and Hae corresponds to pig.

It is said that rat does not have eye, cattle does not have back teeth, tiger does not have neck, rabbit does not have lip, dragon does not have ear, snake does not have legs, horse does not have sputum, monkey does not have spleen, chicken does not have kidney, dog does not have stomach, and pig does not have tendons. Humans have all these that is why humans are called as the lord of the creation.

The animals of ten calendar signs are Gap for fox, Eul for marten, Byeong for deer, Jeong for roe deer, Mugi for earth, Gyeong for crow, Shin for magpie, Im swallow, and Gye for bat. From the Geongonganson, Geon refers to wolf, Gon refers to terrapin, Gan refers to crab, and Son refers to salamander. Twelve calendar signs are created by combining the ten calendar signs with Geongonganson. The twelve terrestrial branches and twelve calendar signs are combined to create 24 directions of the 4 floors of Jibanjeongchim serving as the directions in the compass. The twelve calendar signs refer to the 12 seasons. For example, the Ipchun(onset of spring) and Wushu(season when the weather start to get warm) refer to the first month in the lunar calendar. The Ipchun refers to solar term and the Wushu is subdivision of the season. The climate is created by taking the last letters. The climate corresponds to one season. However the people couldn't feel the season so the Inmyojin were set to be spring season, Saomi were set to be summer season, Shinyusul were set to be fall season, and Haejachuk were set to be winter season. There's a Korean saying that a person passes through seasons(meaning gets matured). The season in this saying refers to the spring, summer, fall, and winter seasons.

The characteristics of the signs of animals of 12 earthly branches are as follow. The year of the rat has high wariness, the year of cattle is timid, the year of tiger is persevering, the year of rabbit is sensitive, the year of dragon is causing a great change distrustful but persevering, the year of snake is distrustful, impatient, sloughing its skin and causing a small change, the year of horse is impetuous, the year of sheep is calm, the year of monkey is cunning, the year of chicken is sensitive, the year of dog is impetuous, and the year of pig is calm and persevering.

The marital compatibility is often done by the branches. But actually interpreting the marital compatibility with branches is not right. There are four mainstays of the fortune. Yeonju refers to grandfather, Wolju refers to parents, Ilju refers to oneself, and Siju refers to children. The

형충파해(刑沖破害)와 합(合)을 보아야 한다. 12지문은 벽사(辟邪)의 의미를
지닌다.

branch refers to grandfather which is not really related to oneself. So, the marital compatibility must be interpreted and focused on the Ilju. The interpretation of Ja-Mi means that the sheep hates rat because its furs rots when the excretion of rat touches the sheep's fur.

The interpretation of Chuk-O is that cattle is less loved than horse despite its obedience to the owner and hard working. That is why cattle hates horse. The interpretation of In-Yu is that tiger thinks itself as the king of animal but chicken has the crown on the head. That is why tiger hates chicken. The interpretation of Myo-Shin is that rabbit thinks of its red eye as the most beautiful eye but the bottom of monkey is red.

용-문 龍紋

용(우리말: 미르)은 우리 조상들이 숭배해 왔던 용(龍), 기린(騏驎), 주작(朱雀), 현무(玄武)의 사신(四神) 중 하나로 전해오고 있다. 사신도(四神圖)는 향(向)을 향해서 황룡(黃龍)을 중심으로 좌(左, 동쪽)는 황룡과 용이 교미하여 생긴 청룡(靑龍)이고, 우(右, 서쪽)는 황룡과 지상에서 가장 빠르고 잘생긴 말이 교미하여 생긴 기린(騏驎)이고, 남쪽은 황룡과 새 중에서 가장 우아하고 아름다운 학이 교미하여 생긴 주작(봉황)이고, 북쪽은 황룡과 거북이 교미하여 생긴 현무(玄武)이다. 일반적으로 우(右)가 동쪽이고 좌(左)가 서쪽이지만 사신도의 경우, 보는 입장이 하늘이 되므로 좌(左)가 동쪽이 되고 우(右)가 서쪽이 된다.

사신은 그래서 용을 닮았다. 기린은 뿔과 머리 등을 닮았으며, 다리에서 용처럼 서기가 나며 구름과 함께 등장한다. 주작(봉황)의 목은 용의 몸과 닮았으며, 꼬리의 깃털도 오색찬란한 용의 깃털을 닮았다. 현무는 머리와 목, 발바닥이 닮았고 입에서 서기가 나온다.

사신(四神) 또한 상상의 동물이자 배다른 형제간 사이이며, 벽사(辟邪)의 의미를 지닌다. 옛 문헌에 따르면 용의 모습은 수염은 잉어, 뿔은 사슴, 머리는 해태, 눈은 토끼, 코는 돼지, 몸은 뱀, 꼬리는 물고기, 발톱은 독수리, 발바닥은 호랑이, 귀는 소 같고, 깃털은 오색찬란하다고 한다.

용은 귀가 없어 소리를 뿔로 듣는다 하는데, 아마도 용의 깃털이 귀를 감싸고 있어 잘 보이지 않아 그런 것 같다. 그러나 조각을 할 때에는 귀를 표현한다. 용의 몸의 둘레는 9를 두 번 곱한(9x9) 숫자인 81개의 비늘로 이루어져 있으며, 길이는 수 없이 많은 비늘로 이루어져 있다.

용은 제비를 즐겨 먹는다고 한다. 항상 구름과 함께 움직이며, 여의주(如意珠)를 물어야 하늘로 승천한다고 믿는다. 이처럼 용은 신비스러워 동양에서는 최고의 권력자를 상징하고, 또한 비와 구름 물을 상징하며 기우(祈雨)를 관장한다.

예로부터 용은 용기(勇氣)와 비상(飛上), 희망(希望)을 상징한 동물로 초능력을 가진 상상의 동물이다. 또한 잡귀를 쫓아주고 자신이 처해 있는 장소에서의 수호신(守護神)으로 길상(吉祥)의 의미를 지니며, 기원(祈願)과 벽사(辟邪), 요술(妖術), 변화(變化)의 의미도 지닌다.

Yongmun / Dragon Pattern

Dragon is one of four gods which our ancestors have worshiped. The four gods include Dragon, Girin, Phoenix and Black Tortoise. The drawing of four gods is composed of yellow dragon on the center, blue dragon on the left(east) which is the offspring of yellow dragon with another dragon, Girin on the right(west) which is the offspring of yellow dragon and fastest and best looking horse, Phoenix on the south which is the offspring of yellow dragon with most elegant and beautiful crane, and the Black Tortoise on the north which is the offspring of yellow dragon and tortoise. Generally the right refers to east and left refers to west but the viewing direction of drawing of four gods is the direction toward sky. So the left is east and right is the west.

This is why the four gods resemble dragon. The Girin has horn and head which resemble dragon with auspicious aura coming from the leg and appears with cloud. The neck of the Phoenix resembles the body of dragon and the feathers on the tail resemble the colorful feathers of dragon. The Black Tortoise resemble dragon in its head, neck, sole, and aura coming from mouth.

The four gods are imaginary animals and they are brothers born of different mothers. Also these four gods have the meaning of driving out evil spirit. According to the old literature, the dragon has beard of carp, horn of deer, head of Haetae which is mythical unicorn lion, eye of rabbit, nose of pig, body of snake, tail of fish, claw of eagle, sole of tiger, ear of cattle, and colorful feathers.

It is told that dragon does not have ear so it listens through the horn but maybe it is because the ear is invisible as it is covered by the feather. However, sculptures express the ear. The girth of dragon is composed of 81 scales which is a square of 9 and there are countless scales in length.

It is told that dragon enjoys eating swallows. People believed that dragon moves with cloud and will ascend to heaven when it gets magical pearl called Yeoeuju. Likewise, the oriental dragon was considered as mysterious and symbolized the most powerful man. Also, it symbolized the rain, cloud, and water as the dragon was believed to control the rain. The dragon is a powerful imaginary animal which symbolized courage, leap, and hope. Also, it has the meaning of lucky omen as the tutelary deity to drive evil spirit away. Moreover, the dragon has the meanings of wishing and driving out evil spirit, magic, and change.

까치호랑이문虎鵲紋

우리의 민화(民畵) 속에 까치호랑이는 오래된 소나무와 함께 등장한다. 민화 속 호랑이는 사납고 용맹스러운 모습보다는 유순하고, 멍청하고, 익살스럽고, 사랑스럽게 표현된다. 이는 우리 민족의 특성을 잘 나타낸 것이다. 까치호랑이는 귀가 4개인 것도 있는데 이 호랑이를 네 귀 호랑이라고 한다. 또 눈동자가 네 개인 호랑이는 네 눈 호랑이라고 불리고, 호랑이 털 무늬가 둥글게 매화꽃처럼 생겼다 하여 매화 호랑이라고 불리기도 한다. 호랑이는 예로부터 나쁜 기운을 막아주는 수호신(守護神)의 의미를 지닌다. 한해의 초입에 호랑이 그림을 걸어두면 그해 잡귀(雜鬼)의 침입을 막아주거나 액운(厄運)을 막아준다고 한다.

까치는 새 소식을 전해준다 하여 우리나라의 길조(吉鳥)로 알려져 있으며, 복을 부르는 새로 인식되어 있다. 소나무는 새 아침을 의미하고, 오래될수록 격이 있고 아름답다고 칭송받으며 장수(長壽)의 의미를 지닌다.

까치호랑이 그림은 새 아침에 좋은 소식과 액을 막아준다는 축귀(逐鬼)의 의미로 문(門)에 붙이는데 이를 문배도(門排圖)라고 한다.

Kkachihorangimun / Magpie and Tiger Pattern

The magpie and tiger are drawn with a pine tree in the folk drawing. The tiger in the folk drawing is gentle, foolish, humorous, and lovely rather than fierce and brave which is a well representation of the characteristics of our people. There exist some tigers with 4 ears which is called four eared tiger. Also, the tiger with four eyes is called four eyed tiger. Some tigers are called as apricot tiger because they have round fur patterns similar to apricot flower. Tiger was considered as tutelary diety to block evil energy from old times. It was said that hanging a drawing of tiger in the beginning of the year prevent evil spirits and bad fortunes to come. Magpie is known as fortunate bird as it brings news. It is recognized as a bird bringing fortune. The pine tree means new morning and contains the meaning of long life. The pine trees are praised for its beauty and high quality as it gets older. The magpie and tiger drawing is attached on the door with the meaning of bringing good news in the new morning and preventing bad fortunes. This is called as Munbaedo(drawing of celebrating new year).

말문馬紋

말은 역경(易經)의 팔괘(八卦)중에 건괘(乾卦)를 상징하는 동물로서 하늘에 있는 태양에 해당한다. 민간에서는 쇠나 나무로 말 모양을 만들어 수호신으로 삼기도 했으며, 우리 민족은 말을 신성시해 왔다. 말띠에 태어난 사람은 웅변력과 활동력이 강하며 매사에 적극적이라고 사주(四柱)책에 나와 있다. 또 역경(易經)에 말에 해당되는 건괘(乾卦)는 굳셀 건, 사나이 건, 임금 건, 쉽지않을 건이라는 뜻을 가지고 있다. 특히 경오년(庚午年)에 태어난 사람은 백말 띠라 하여 그러한 성질을 많이 지닌다고 한다. 그러나 여자의 경우에는 팔자가 드세다고 한다. 이러한 것은 봉건적이고 가부장적 문화 아래에서 남편과의 역할 전도를 우려한 풀이로 보인다. 요즘에는 여성도 활동적이며 사회생활을 활발하게 하기 때문에 시대에 맞지 않은 풀이라 하겠다. 말은 음양오행에서 오(午)로써, 화성(火性)의 의미를 지닌다. 이러한 말은 강한 양성(陽性) 때문에 악귀(惡鬼)나 병마(病魔)를 좇는 수단으로 이용되어 왔다.

Malmun / Horse Pattern

The horse symbolizes the Geon trigram of the 8 Trigrams for divination in the I Ching(book of changes). In this context, horse corresponds to sky. The people made wood or metal horse and took it as tutelary deity. Also, our people have held horses sacred. The fortune books say that people born in the year of horse are eloquent and active in everything. Also, the Geon trigram of the I Ching which corresponds to horse has the meaning of firm, man, king, and not easy. Especially, the people born in the year of the Horse are said to be the branch of white horse and inherited such strong characteristics. So, women born in the year of the Horse are said to have wild destiny. This interpretation seems to involve a concern about role reversal with husband under the feudal and patriarchal culture. This interpretation is outdated as the women today are actively participating in the social lives. Horse corresponds to the O in the Yin-Yang and Five Elements having characteristics of fire. The horse was often used as the meaning of driving out evil spirit or disease away due to its strong characteristics of Yang.

소문牛紋

소는 생구(生口)라 불리기도 하는데 생구는 한집에 사는 하인이나 종을 말한다. 소를 생구라 하는 것은 그 만큼 소가 중요했다는 뜻이다. 농사에는 없어서는 안 될 가축이자, 재산의 일부였기 때문이다. 그래서 정월 첫째 축일(丑日)에는 소에게 일을 시키지 않았으며, 쇠죽에 콩을 많이 넣어 먹였다고 한다. 장사를 하는 집에는 대문에 코뚜레를 걸어두었다. 이것은 소를 잡아먹었다는 표시로 악귀(惡鬼)가 침입하다가 이를 보고 도망간다고 믿었기 때문이다. 외양간에도 악귀의 침입을 막기 위해 소의 턱뼈를 엄나무 가시와 함께 문 위에 묶어두는 풍속이 있다. 소는 농사일을 돕는 일하는 짐승으로 부와 재산, 힘을 상징한다. 꿈에 황소가 집에 들어오면 부자가 된다는 속설이 있다. 소의 형국에 묏자리를 쓰면 자손(子孫)이 부자가 되고 풍요(豊饒)를 가져다준다고 믿었다.

Somun / Cattle Pattern

The cattle is called as Saenggu which refers to the servants and slaves living in the same house. The reason why people called cattle as Saenggu indicates the value of cattle. It was a stock indispensible element of the farming and it was part of property. So, people did not make cattle work in the Chuk day(day of cattle) of the first month of year and gave straw gruel with bunch of beans. The shops hanged nose ring for cattle on the front door because people believed that hanging a nose ring means that the people ate cattle and it will make the evil spirit to run away as it sees the nose ring on the door. There was a custom to place a jawbone of cattle on the door of barn with thorns of kalopanax to prevent evil spirits from breaking in. The cattle symbolize wealth, riches, and power as an animal works and helps the farm work. There is a saying that having a dream of bull coming into the house will bring wealth. People believed that having a grave site in the conditions of cow will make the descendents rich and wealthy.

양문羊紋

양은 무리지어 살면서도 동료 간의 우위 다툼이나 암컷을 독차지하려고 하지 않아 평화를 상징한다. 거의 싸우는 일이 없으나 어쩌다 성이 나면 무서운 공격성을 보이는 경우도 있다. 양띠는 '부자가 못 된다'는 속담이 있다. 갔던 길로만 되돌아오는 고지식함과 천성적으로 온순한 심성을 지닌 양의 성질에서 비롯된 말이다. 그러나 양은 이중적 성격을 가지고 있으며, 남을 의심하고 먹이를 먹으면서도 싸우는 양의 이미지와는 정 반대되는 행동을 하기도 한다.
양의 모습을 본뜬 '羊'자는 모든 기쁨을 포괄하는 글자로 아름다움(美), 상서로움(祥), 착함(善) 등의 길상의 의미로 이루어진다. 또 나(我)의 좋은 점(羊), 옳은 것(義)이 된다. 양은 길운(吉運)과 길조(吉兆)의 의미를 지닌다.

Yangmun / Sheep Pattern

Sheep symbolizes peace because it does not fight with peers over the rank or females despite sheep live with herd. However, if sheep gets angry by chance, it shows fierce aggressiveness. There is a saying that people born in the year of sheep can not be rich. Such saying was originated from the characteristics of sheep being inflexibility of returning with exactly same way and born natural mildness. However, the sheep has double characteristics. Sheep distrust others and fight over food which are against the image of ordinary sheep.
The character '羊' was modeled after the shape of sheep. This character is composed of auspicious meanings of beauty(美), auspiciousness(祥), and kindness(善). Also combining I(我) with strong point(羊) gives right thing(義). Sheep contains the meaning of lucky fortune and good omen.

토끼문卯紋

달의 이칭(異稱)인 토월(兎月)은 달 속에 토끼가 살고 있다는 전래의 민간 신앙에서 유래하였다. 달을 자세히 보면 거무스레한 부분이 있는데 이 부분이 달 속에 토끼가 떡방아를 찧고 있는 모습으로 보인다. 옥토끼는 달에 살면서 떡을 찧거나 불사약(不死藥)을 만들고 있는 것으로 전한다.
토끼는 도교적으로 장생불사(長生不死)를 의미하고, 묘일(卯日)에는 남의 남자가 내 집안에 들어와도 좋다고 하였다. 이는 토끼가 여성을 상징하기 때문이다. 반면 정월 묘일(卯日)에 집안에 여자나 나무 그릇이 들어오면 좋지 않다는 풍속이 있다. 산간지방에는 토끼문, 노루문, 사슴문을 조상님께 토끼나 노루를 많이 잡아 잘 살게 해달라는 기원(祈願)과 다산(多産)의 의미로 사용한다.

Tokkimun / Rabbit Pattern

The word Towol(moon of rabbit) is another name of moon which originated from a folk belief that rabbits live on the moon. If one looks at the moon closely, one may find darkish part which looks like a rabbit pounding rice into flour. The white rabbit is said to live on the moon, pound rice into flour, and make elixir of life.
In Taoism, rabbit means eternal life and it is said that other's man may enter my house in the day of rabbit because rabbit symbolizes female. On the other hand, there is a custom to believe that it is not good to bring a woman or wood plate into the house on the day of rabbit in the first month of the year. In mountainous areas, people use Tokkimun, Norumun, and Saseummun with the meaning of praying to ancestors for allowing them to live well by catching lots of rabbits and roe deers.

봉황문鳳凰紋

봉황은 새 중의 으뜸으로, 고상하고 성스러움을 나타내며 열 가지 동물의 장점을 두루 갖추었다고 한다. 앞모습은 기러기, 뒷모습은 기린, 턱은 제비, 부리는 닭, 목은 뱀, 꼬리는 물고기, 이마는 황새, 뺨은 원앙새, 몸의 무늬는 용, 등은 거북의 모습을 하고 있으며, 깃털은 초록, 빨강, 노랑, 하양, 검정(남색)의 오방색(五方色)으로 되어 있다.
봉황이 지닌 열 가지의 동물 모습의 상징성은 제왕이 갖추어야 할 열 가지 덕목과 밀접한 관련이 있다. 기러기는 군신, 친구, 부부간처럼 신의를 생명처럼 여기는 큰 인물을 상징한다. 공자의 탄생 시 출현했다는 기린(騏驎)은 슬기와 재주를 갖춘 현인을 뜻한다. 제비는 천녀(天女)와 귀녀(貴女)의 상징으로 비를 오게 하는 재주와 부귀 및 장수를 상징한다. 닭은 암흑이 물러가고 여명이 밝

Bonghwangmun / Chinese Phoenix Pattern

The Chinese Phoenix is the best among birds which symbolizes elegance and sanctity. Also, it is said that the Phoenix has strong points of 10 animals: The front appearance of wild goose, behind appearance of girin, jar of swallow, beak of chicken, neck of snake, tail of fish, forehead of stork, chick of mandarin duck, body pattern of dragon, and back of tortoise along with feathers of five colors. The five colors are blue, red, yellow, white, and black.
The 10 appearances of animals are symbols which are closely related to the virtue that an Emperor must have. The wild goose refers to large figure who consider faith as important as life such as sovereign and subject, friends, and couples. Girin which is known to appear when

아오는 것을 가장 먼저 감시하는 동물로 악귀(惡鬼)를 쫓고 신선(神仙)을 부르는 영험함을 상징한다. 뱀은 물고기 비늘과 닮았으며 떼 지어 다니는 것이 행군하는 모습과 비슷하여 풍년(豐年)과 다산(多産)을 상징한다. 황새는 새들의 연장자이며 고귀(高貴), 고결(高潔), 장수(長壽)를 상징한다. 원앙새(비익조: 比翼鳥)는 부부애의 상징으로 원만한 가정이 사회와 국가발전의 바탕이 됨을 나타낸다. 발가락이 다섯 개인 용은 황제(皇帝)를, 네 개인 용은 제후(諸侯)를, 세 개인 용은 재상(宰相)을 상징한다. 거북은 불의 재앙을 막아주는 물의 신으로 장수를 상징하며 예견능력이 있다고 한다.

봉황의 상징성은 제왕의 구비 요건과 비슷하다. 봉황은 지절(志節)이 높고 품위가 있는 새로 훌륭한 인물을 상징한다. 키는 육척 가량이 되며 몸과 날개의 오색 빛이 찬란하고 오음인 각치궁상우(角齒宮商羽)의 소리를 내며 오동나무에서 놀고, 대나무 열매를 먹고, 예천(醴泉)을 마신다고 한다. 수컷을 봉(鳳)이라 하고, 암컷을 황(凰)이라 하며 정직(正直), 청렴(淸廉), 검소(儉素)의 뜻을 지닌다. 봉황은 다섯 가지의 덕을 갖추고 있는데 머리가 푸른 것은 인(仁), 붉은 것은 예(禮), 다리 아래가 누른빛을 띠는 것은 신(信), 목이 흰 것은 의(義), 가슴이 검은 것은 지(智)를 상징한다. 봉황이 한번 나타나면 천하가 태평하게 된다고 하여 봉황(鳳凰)은 곧 '천자(天子)'를 상징한다.

Confucius was born means wise men with wisdom and talent. The swallow is the symbol of heavenly woman and precious woman which refer to the ability to bring rain, wealth, and generals. Chicken is the animal monitoring the darkness fading and dawn emerging which symbolizes the miracle to drive evil spirit away and bring Taoist hermits. The snake symbolizes good harvest and fecundity as it resembles the scales of fish and the herd moving resembles marching army. Stork is a elders of birds symbolizing nobility, magnanimousness, and long life. The mandarin duck symbolizes the love of couple which indicates that amicable families are the basis of development of society and the nation. Dragon with five toes symbolizes the Emperors, dragon with four toes symbolizes feudal lords, and dragon with three toes symbolizes prime ministers. The tortoise is the god preventing the disaster of fire and known to have ability to foresight. Also it symbolizes generals.

The symbols of Chinese Phoenix are similar to the requirements of emperor. The Phoenix is a bird with high level of fidelity, integrity, and dignity which refers to great figure. The height is about 6 cheock(about 182cm) and five colors shines from the body and wings. It makes a pentatonic sound of Gakchigungsangu(symbolizing the sound of five organs). It plays in the royal foxglove tree, eats the fruit of bamboo, and drinks the water of Yecheon(a legendary well known to have water in the reign of peace). The male is called Bong and the female is called Hwang which means honest, upright, and frugal. The Phoenix has five virtues: Blue head refers to In(benevolence), red head refers to Ye(courtesy), yellow leg refers to Shin(trust), white neck refers to Eui(righteousness) and black chest refers to Ji(wisdom).

삼족오문三足烏紋

삼족오는 일명 까마귀를 말한다. 천간(天干)에서 갑(甲)은 여우, 을(乙)은 담비, 병(丙)은 사슴, 정(丁)은 노루, 무기(戊己)는 땅을 의미하고, 경(庚)은 까마귀, 신(申)은 까치, 임(壬)은 제비, 계(癸)는 박쥐를 의미한다. 천간에서 일곱 번째 동물인 경(庚)이 까마귀 이다. 지지(地支)에서 일곱 번째 동물은 오(午)인데, 오행(五行)으로 태양을 의미한다. 일곱 번째에서 천간과 지지가 만나면 경오(庚午)가 되는데, 오가 태양이고 경이 까마귀여서 태양을 까마귀로 본다. 삼복(三伏)도 하지(夏至)를 중심으로 세 번째 경일(庚日)이 초복(初伏)이고, 네 번째 경일이 중복(中伏)이며, 말복(末伏)은 입추(立秋)를 지나고 첫 번째 경일이다. 이러한 것으로 보아 경은 태양(太陽)을 의미하고 햇볕이 가장 강한 날로 본다. 육십갑자(六十甲子) 중에 병오(丙午)가 간지(干支)로 태양을 의미하지만 우리 선조들은 경오(庚午)로 보아 삼족오를 만들었으며, 다리가 셋인 이유는 천지인(天地人)을 의미한다. 삼족오는 태양신을 표현하고 기원(祈願)의 의미로 쓰인다.

Samjokomun / Three-legged Crow Pattern

Three legged crow refers to crow. The animals of ten calendar signs are Gap for fox, Eul for marten, Byeong for deer, Jeong for roe deer, Mugi for earth, Gyeong for crow, Shin for magpie, Im swallow, and Gye for bat. The Gyeong being 7th animal of the ten animals is the crow. The seventh animal of the 12 branches is O which means sun in the five elements. When the ten animal signs are met with 12 branches in the 7th it is Gyeongo, Gyeong is crow and O is sun making sun to be seen as crow. Among the hottest periods of summer, the third Gyeong day from the summer solstice is the Chobok which is the first of three hottest days, the fourth Gyeong day is the Jungbok(second of the three), and the first Gyeong day after Ipchu(initial day of fall) is the Malbok(last day of the three days). From such knowledge, we can tell that Gyeong means sun and Gyung day is the day when sun is strongest. Among the sexagenary cycle, the Byeongo means the sun in the cycle. But our ancestors created three-legged crow by looking the Gyeongo as sun. The three legs mean heaven, earth, and human. The three-legged crow is used to represent the god of sun and the meaning of wishing.

매문鷹紋

매와 독수리, 참새와 새매와의 관계는 약육강식의 먹이사슬 관계를 보여주며, 특히 새매는 강자(强者)를 상징한다. 그런데 이들이 변신술로서 행한 왕위 겨루기는 강자의 결정에 그치지 않고 통치자(統治者)의 권력을 나타내기도 한다. 우리 풍속에는 해산한 집에는 매를 가지고 들어가지 않는다. 매는 산혈을 보면 죽거나 해산한 사람이 있는 마을을 지나치기만 해도 날아가 버린다고 믿었기 때문이다. 사냥을 나갈 때는 사냥꾼은 한지에 북어를 묶어 서낭당에 걸어 놓고 독수리가 매와 꿩을 채가는 일이 없도록 빌었다. 설날에는 응삼무(鷹三羽: 매 그림)를 그려서 문설주에 붙였다. 대문이나 벽에 매의 그림이 붙어 있으면 그 집에 삼재(三災)를 맞은 가족이 있다는 뜻이다. 삼재의 불행을 안겨주는 악귀(惡鬼)를 쫓기 위해 무서운 매가 선택된 것이다. 매문은 벽사(辟邪)의 의미를 지닌다.

Maemun / Hawk Pattern

The relationship between hawk and eagle, and sparrow and sparrow hawk shows the food chain in the survival of the fittest. Especially, the sparrow hawk symbolizes the strong. However, their fight over rank is not limited in the determination of stronger person but it represents the power of the rule as well. In our tradition, people did not bring the hawk into a house where baby was born because people believed that hawk will die or run away when it sees the birth blood or pass through a village with a birth giver. The hunters hanged dried Pollack with traditional Korean paper and hanged it in the shrine to village deity wishing that eagles don't whisk the hawk and pheasants. In the New Year's Day in lunar calendar, people drew Eungsammu(drawing of hawk) and attached it on the gate post. Hanging a drawing of hawk on the front door or wall means that they have family in the three years of misfortune. Fierce hawk was selected to drive the evil spirit away which brought the misfortune of three disasters. The hawk pattern has the meaning of driving out evil spirits.

화조문花鳥紋

꽃과 새를 함께 그린 그림을 화조도(花鳥圖)라고 한다. 우리 선조들은 꽃을 찾아 날아다니는 새와 자연의 아름다움을 무척 탐닉(耽溺)하여 왔다. 이런 모습을 그림에 담아 액자나 병풍, 또는 족자로 배접하여 집안에 걸어 놓았다. 전통을 이어온 화조도(花鳥圖)는 선비 정신과 맥락을 같이 한다. 꽃을 찾아 날아다니는 나비를 그린 그림에 격조 높은 시(詩)를 곁들이기도 한다. 이름 하여 시중화(詩中畵), 화중시(畵中詩)라고 한다. 원래 화조화는 꽃과 새뿐만 아니라 나비, 곤충도 함께 그린 그림을 의미한다. 화조도는 성적(性的)의미와 함께 만남, 다산(多産)의 의미를 지닌다.

Hwajomun / Flower and Bird Pattern

Hwajodo is the drawing of flower and bird together. Our ancestors indulged in the beauty of nature that birds fly over to find flower. Such image was put into drawing, frame, folding screen, or scrolls, and hanged inside of the house. The traditional flower and bird drawing conforms to the context of the spirit of classical scholars. The drawing of butterfly flying over to find flower may be added with dignified poetry. This is so called Sijunghwa(poetry in drawing) and Hwajungsi(drawing in poetry). Originally, the flower and bird drawing refers to the drawings of not only just flower and bird but also butterfly and insect. This drawing has sexual meanings as well as meanings of meeting and fecundity.

새문鳥紋

하늘을 오르내리는 새는 영적인 동물로 인식되어 재생(再生), 영예(榮譽) 등을 상징한다. 자기의 영예로움을 표상하기 위하여 삼국시대의 귀족들은 관모(冠帽)에 깃털을 꽂는 풍속이 있었다. 삼국지 위지 동이전(三國志 魏志 東夷傳) 변진(弁辰)조에 보면 '변진에서는 사람이 죽으면 장례를 큰 새의 깃털로 꾸미는데 이는 죽은 이가 하늘로 날아오르기를 바라는 뜻이다'라고 쓰여 있다. 인간의 고향은 하늘이므로 땅에 내려와 살다가 죽으면 다시 하늘로 올라간다고 생각했다. 이 때 육신과 영혼을 하늘로 인도하는 안내역의 새가 극락조(極樂鳥)이다. 새는 청동기 시대에서는 농경생활에 따른 주술(呪術)적 의미를 지닌 동물로 천상의 영혼과 육신의 세계를 내왕하며 연락을 담당하는 것으로 인식되었다. 새문은 꽃과 나비와 함께 조화를 이루어 만남, 부부의 금슬(琴瑟), 정토(淨土)의 의미를 지닌다.

Saemun / Bird Pattern

The bird flying up and down on the sky is recognized as spiritual animal symbolizing regeneration and glorious honor. The nobles in the Korean Three Kingdoms period had the custom of putting a feather on official hat as the means of expressing one's honor. According to the Byeonjinjo of Tongijeon of Yiji in the Samgukjil(Story of Byeonhan among Eastern Tribe in the book of Yi in Three Kingdoms), the people in Byeonhan decorate a funeral with feathers of large bird to wish the dead to fly to the sky. People thought that he people's home is the sky and once people end their lives in the earth, they will return back to sky. The bird guiding the body and spirit to sky is named Geukrakjo(bird of paradise). The bird was recognized as an animal with shamanistic meaning in the agricultural life of the Bronze Age. People believed that birds come and go between the world of body and world of spirit and take charge of the contact. The bird pattern mingled with flower and butterfly had the meanings of meeting, conjugal harmony, and paradise.

까치문鵲紋

까치는 길상의 서조(瑞鳥)다. 예로부터 아침 일찍 까치를 보거나 까치소리를 들으면 좋은 일이 생긴다고 믿어 왔다. 『동국세시기(東國歲時記)』에 의하면 설날 새벽에 가장 먼저 듣는 소리로 그 해 운수의 길흉을 점치는 청참(聽讖)의 풍속이 있었다고 한다. 까치소리를 들으면 그 해를 운수 대통의 해로 여겨 왔으며 작조(鵲噪), 작희(鵲喜)라는 표현에서 볼 수 있듯이 까치의 우짖는 소리를 기쁜 징조로 생각했다.

문무왕 때 흰 까치를 바쳤다는 기록이 있는데 그 당시 흰 까치는 길상(吉祥)의 의미로 신비롭게 여겼다. 이와 같이 까치의 출현이나 까치의 짖어대는 소리는 앞날에 다가올 길조의 조짐을 의미했다. 민화에서 까치는 호랑이와 함께 등장하는데, 이 그림을 까치호랑이라고 하며, 일명 문배도(門排圖)라 한다. 이 그림을 새해 아침에 문(門)에 붙여 좋은 소식을 불러오고 액(厄)을 막아주기를 기원(祈願)하였다.

Kkachimun / Magpie Pattern

Magpie is the auspicious bird of lucky omen. From the old times, people believed that hearing the sound of magpie or seeing magpie in the morning is harbinger of good event. According to 『Dongguksesigi(Book about traditional annual events and customs)』, people believed that hearing the sound of magpie is the indication of year of great fortune. Also, one can see from the expressions of Jakjo(large sound of magpie informing good fortune) and Jakhui(implies when magpie cries, good event occurs).

There's a record that King Munmu of Silla offered white magpie and the white magpie was considered as lucky omen. Likewise, the appearance or sound of magpie meant as the sign of good fortune coming in the future. In the folk drawing, the magpie is often drawn with tiger which is called magpie and tiger or Munbaedo. People hanged this drawing on the morning of the first day of the new year with wishing that the drawing will bring in good news and prevent bad fortunes.

기러기문과 오리문雁紋, 鴨紋

기러기나 오리무늬는 금슬(琴瑟), 정조(貞操), 질서(秩序), 발자취의 의미로 사용된다.

기러기는 한자로 노안(蘆雁)이라고 하는데, 이것은 사람이 늙어서 편안하다는 노안(老安)과 독음이 같아서 노후의 편안함을 기원하는 의미로 쓰인다. 또 영원히 끊어지지 않는 깊은 인연과, 부부의 금슬(琴瑟)이 좋아 어느 한쪽이 먼저 죽어도 절대로 다시 짝을 짓지 않고 새끼를 잘 돌본다는 의미로 가정의 평화와 부부간의 애정을 상징한다. 기러기는 암수의 사이가 좋기에 홀아비나 홀어미의 외로운 신세를 짝 잃은 외기러기라 한다. 규합총서(閨閤叢書)에 의하면 '추우면 북에서 남으로 이동하고 더우면 남에서 북안문(北鴈門)에 돌아가니 신(信)이요, 날 때는 차례를 지키고 앞에서 울면 뒤에서 화답하니 예(禮)요, 짝을 잃으면 다시 짝을 얻지 않으니 절(節)이요, 밤이 되면 무리를 지어 자면서 하나가 경계를 하고 낮이면 갈대를 머금어 주사(蛛絲)를 피하니 지혜(智慧)다'라고 했다. 그래서 예폐(禮幣)하는데 쓴다고 한다. 오리의 압(鴨)자를 분리하면 갑(甲)자가 되고 두 마리 오리는 이갑(二甲)이 되는데, 이것은 과거시험에 소과(小科)와 대과(大科)를 뜻하는 것으로 과거 급제를 의미한다. 전통 혼례식에서 신랑 쪽에서는 나무로 목안(木雁) 새를 만들어 혼인하는 날 신부 집으로 가져갔다. 흔히 이 새는 지방에 따라 기러기라고 하지만 오리라고도 한다.

Gireogimun and Orimun / Wild Goose and Duck Pattern

Wild goose and duck are used with meanings of conjugal harmony, fidelity, order, and footprint.

The wild goose sounds as Noan in Chinese character which is same reading sound as the Noan(meaning that a person is old and comfortable). That is why the wild goose is used in wishing for the comfort in the person's later lives. Also, these birds symbolize the peace in the family and love between couple because it is known that these birds have ever connected tie and conjugal harmony. When one is dead the, other does not look for new spouse and concentrate on taking care of the children. The wild goose couple is very close so the lonely life of widower or widow is called single wild goose. According to Gyuhapchongseo(living guide for women), these birds symbolize 'trust' because it travels from north to south when it is cold and travels from south to north when it is hot. It symbolizes 'courtesy' because it keeps one's turn while flying and replying from the back when one cries in front, symbolize 'fidelity' for because does not get new spouse when one's spouse is gone, and symbolize 'wisdom' because it sleeps together while one is in vigilance at night and keep reed on mouth to avoid nets. This is why people gift these birds as the means of expressing the respectful mind. When the Chinese Character of duck Ap(鴨) is divided, it turns into Gap(鴨). Then two ducks are Igap(二甲) which refer to the Sogwa(first exam) and Daegwa(second exam) of the Gwageo(exam to employ government officers). In the traditional weddings, the groom's side prepared wooden birds and took them to the bride's house in the wedding day. This bird is often wild goose but it may also be duck depending on regions.

닭문 鷄紋

닭은 울음소리로 새벽을 알리는 빛의 도래를 예고하는 동물이다. 예고의 내용은 빛이기 때문에 닭은 태양(太陽)의 새라고 한다. 닭이 지닌 존재의 양상은 이중성, 즉 날개를 가지고 있으면서도 지상에서 생활하는 면과 어둠과 밝음을 경계하는 새벽의 존재로서 상징성이 압축되어 있다. 새벽을 알리는 우렁찬 닭의 울음소리에 밤에 다니던 귀신이나 요괴가 사라진다고 믿었다.

닭은 흔히 다섯 가지 덕을 지녔다고 한다. 닭의 벼슬은 문(文), 발톱은 무(武), 적을 앞에 두고 용감히 싸우는 것은 용(勇), 먹이를 보고 꼭꼭거려 무리를 부르는 것은 인(仁), 때를 맞춰 울면서 새벽을 알리는 것은 신(信)이라 한다. 닭은 축귀(逐鬼)의 의미를 지닌다.

Dangmun / Chicken Pattern

Chicken is an animal informing the arrival of light as it informs the dawn with its cry. The chicken is often called as the bird of sun since it informs the light. The aspects of chicken as a being can be compressed into duplicity. In other words, chicken has wing but it lives in the land. It symbolizes the being of dawn in vigilance of darkness and brightness. People believed that the sonorous cry of the chicken will drive away ghosts and monsters wandering at night.

It is often said that chicken has five virtues. The comb of chicken refers to literary art, claw of chicken refers to martial art, the braveness to fight the facing foe refers to bravery, calling its herd after finding food refers to benevolence, and informing the arrival of dawn by crying at right time refers to trust. The chicken has the meaning of driving out evil spirits.

박쥐문 蝙蝠紋

박쥐는 오복(五福)의 상징물로 이는 한자 문화권에서 공통적인 의미로 사용된다. 박쥐는 길상(吉祥)의 무늬로 많이 쓰이며 다산(多産), 득남(得男)을 상징하기도 한다. 이는 박쥐의 강한 번식력 때문이라 할 수 있다. 박쥐 삼작(三作)은 금과 은으로 박쥐 모양을 새겨 세 가지 노리개를 한 고리에 단 것이다. 이것도 다산과 벽사(辟邪)의 의미를 지닌다. 박쥐는 생명력이 강한 여성을 상징하기도 하고 탄생과 성장을 상징하기도 한다. 편복(蝙蝠)은 박쥐를 말하는데 복(蝠)자가 복(福)과 동음으로 '福'을 뜻한다. 박쥐가 쌍(雙)이면 쌍복(雙福)이라 하고 다섯 마리면 오복(五福)이라 한다. 서경(書經)에서는 오복을 수(壽), 부(富), 강녕(康寧), 유호덕(攸好德), 고종명(考終命)이라 했는데, 일설에는 오복을 수(壽), 부(富), 귀(貴), 강녕(康寧), 다남(多男)이라 하였고, 다른 설은 수(壽), 부(富), 무병(無病), 식재(息災), 도덕(道德)이라 했다. 편복문은 복의 의미도 지니지만 전통떡살무늬(傳統餅型紋樣)에서는 다산(多産)의 의미로, 노리개에서는 벽사(辟邪)의 의미로, 한복에서는 오복(五福)의 의미가 강하다.

Bakjwimun / Bat Pattern

Bat symbolizes five fortunes which are commonly used in the Chinese character cultural areas. The bat pattern is often used as lucky omen and symbolizes fecundity and many children because of strong reproducing ability of the bat. The bat Samjak is composed of three accessories carved with bat pattern using gold and silver and hung on a ring. This contains the meaning of fecundity and driving out evil spirit. The bat symbolizes women with strong vitality, birth, and growth. The Chinese character of bat is read as Pyeonbok. The Bok sounds are same as bok(fortune) so bat symbolizes luck. It is called as Ssangbok(double bats) if there are two bats and it is called as Obok(five bats) if there are five bats. The Seogyeong(one of the Five Books of Confucianism) described Obok as long life, wealth, health and peace, taking pleasure in following the morality and living one's full life and die peacefully. According to different source, the Obok are long life, wealth, nobleness, health and peace, and many sons. Some other source described Obok as long life, wealth, health, safety gained from Buddhism, and morality. The bat pattern has the meaning of fortune but it is used with the meaning of fecundity in Tteoksal, the meaning of driving out evil spirits in accessories, and the meaning of Obok in Hanbok(Korean traditional dress).

호접문 胡蝶紋

삼월 삼짇날에 나비를 보고 그 해 운수를 점치는 풍속이 있다. 삼짇날 아침에 일어나 가장 먼저 보는 나비가 노랑나비나 호랑나비일 때에는 그 해에 행운이 있다고 보고, 흰나비를 보았을 때에는 흉한 일을 당하거나 운이 좋지 않다고 하였다. 아침에 호랑나비를 만나면 그 날 운수가 대통하고, 이른 봄에 흰나비가 집으로 들어오면 초상이 나며, 나비를 만진 손으로 눈을 비비면 눈이 먼다는 등의 속신(俗信)이 전한다.

나비는 일반적으로 연인을 가리킨다. '꽃이 좋아서 나비가 모인다'는 말은 여자 쪽이 좋아야 좋은 배필을 구할 수 있다는 뜻으로 쓰인다. '꽃 본 나비 담 넘어가랴'는 말은 그리워하던 사람을 만난 사람이 그를 지나쳐 다른 데로 갈 리

Hojeopmun / Butterfly Pattern

There's a custom to predict the fortune of the year with a butterfly on the third day of the third month of the year. The year will be fortunate if tiger swallowtail is the first butterfly seen in the morning of the third day of the third month of the year and seeing white butterfly is harbinger of ominous event or bad luck. There are superstitions such as meeting tiger swallowtail in the morning is the indicator of lucky day, white butterfly flying into the house in the early spring indicate a family member's death, and touching an eye with a hand touched butterfly will make the person blind. Generally butterfly refers to lover. There is a saying that 'Butterflies gather around flower' which means good woman can get good spouse. The saying

가 없다는 뜻이다. 그리고 곁에 아무도 없고 누구도 거들떠보지 않는 처량한 처지에 놓인 사람을 꽃 없는 나비라 한다. 호접문은 꽃이 있으면 으레 나비가 있듯이 생활의 곳곳에서 사용되었다. 나비는 기쁨, 80세 장수, 여름, 부부의 금슬을 상징하며 꽃무늬와 함께 만남, 성적(性的) 의미로 사용된다.

'Butterfly won't fly away if it sees a flower' means that when a person meets a person he/she missed, the person won't walk away. Also, butterfly refers to a lonely and neglected person in miserable situation. The butterfly pattern was used in every place of the life as butterfly always follows the flower. Butterfly symbolizes happiness, 80 years of long life, summer, and conjugal harmony. Also the butterfly pattern is used with flower pattern as the meaning of meeting and sexuality.

물고기문魚紋

물고기문은 해안지방에서 주로 많이 쓰는 무늬이다. 수면 위에 떠오르는 물고기는 튼튼한 남아가 태어나 성장하여 출세해서 넓은 세상으로 힘차게 나아가기를 바라는 소망이 담겨 있다. 물고기문은 음양(陰陽)의 화합과 부부애를 기원하는 의미를 담고 있으며, 물고기 알과 물고기 떼는 자손의 번창을 의미한다. 물 위로 솟구쳐 오르는 물고기는 과거급제나 입신출세의 욕망이 깔려져 있다. 어변성룡(魚變成龍)이라는 말은 물고기가 변해서 용이 된다는 뜻이다.

물고기 무늬에는 다복다산(多福多産)의 염원이 담겨있다. 알을 많이 낳는다 하여 다산, 풍요, 부부의 금슬을 상징하기도 한다. 물고기는 잠을 잘 때에도 눈을 뜨고 있기 때문에 항상 그릇된 것을 경계할 수 있다고 믿었다. 잉어는 남자를 상징하고 메기는 여자를 상징하기도 한다. 물고기눈문은 우주(宇宙), 정토(淨土), 벽사(辟邪)의 의미로 쓰인다.

Mulgogimun / Fish Pattern

The fish pattern is often used in the seaside areas. The fish rising onto the water surface contains the meaning of wish for strong boy to be born, grown up, accomplish success, and go into the wide world. The fish pattern has the meaning of wishing the harmony of Yin-Yang and conjugal love. The eggs of fish and herd of fish mean the prosperity of descendents. The fish surging out of the water contains underlying desire for passing the Gwageo(government exam) and successful life. There's a saying Eobyeonseongryong which means that a fish turns into a dragon. The fish pattern contains the wish for many fortunes and many children. It symbolizes the fecundity, abundance, and conjugal harmony because fish give birth to countless eggs. People believed that fish can guard against wrong beings as it keeps its eye open even when sleeping. The carp symbolizes male and catfish symbolizes female. The fish pattern is used with the meanings of universe, paradise, and driving out evil spirits.

새우문蝦紋

새우는 나면서부터 허리가 굽었다하여 해로(海老)라 한다. 해로(海老)는 부부의 해로(偕老)와 독음이 같아 부부가 함께 지내며 오래 살도록 해달라는 뜻도 있지만, 글공부를 하여 과거에 급제하라는 뜻도 있다. 해안지방에서는 주로 만수무강(萬壽無疆)과 부귀(富貴)를 기원(祈願)하는 의미로 사용된다.

Saewumun / Shrimp Pattern

Shrimp is called as Haero(elder in the sea) since it has bent back from the birth. The Haero(shrimp) reads the same as couple's Haero(a couple aging together) which contains wishing for long life. But it also contains a wish for passing the government exam. In the seaside regions, it is mainly used as a wish for long and healthy life and wealth.

게문蟹紋

예전부터 게는 딱딱한 껍질을 가져 제일의 뜻으로 장원 급제(壯元及第)를 의미했다. 또한 두 마리의 게는 과거시험에서 소과(小科)와 대과(大科)를 의미하였다. 해안지방에서는 고기를 많이 잡아 잘 살게 해달라는 기원(祈願)과 불교적 의미로 게문이 사용되었다.

Gemun / Crab Pattern

Crab meant for the passing of government exam as it had the meaning of best for its stiff skins. Also, two crabs meant Sogwa and Daegwa of the Gwageo exam. It was used as a wish for wealthy life from fishing lots of fish and as Buddhistic meanings.

십장생문十長生紋

십장생은 민간신앙 및 도교에서 불로장생(不老長生)을 상징하며 보통 해, 구름, 산, 물, 바위, 학, 사슴, 거북, 소나무, 불로초를 말한다. 현세(現世)에 건강하고 오래 살기를 바라는 마음에서 즐겨 쓰는 무늬이다.

Sipjangsaengmun / Ten Immortal Pattern

The Ten Immortals symbolizes ever-young life and usually refers to sun, cloud, mountain, water, rock, crane, deer, tortoise, pine tree, and elixir plant. This pattern is frequently used with the mind wishing for healthy and long life in this world.

십장생은 천계(天界)의 일(日), 월(月), 운(雲)과 지계(地界)의 산(山), 석(石), 수(水)와 동물계(動物界)의 학(鶴), 거북이, 사슴 및 식물계(植物界)의 소나무, 대나무, 불로초, 복숭아 등으로 구성된다. 『목은집(牧隱集)』에서는 오래 살기를 소원한 의미로 일(日), 운(雲), 석(石), 수(水), 송(松), 죽(竹), 지(芝), 구(龜), 학(鶴), 녹(鹿)이라고 적고 있다. 사슴, 학, 소나무 등 몇 가지만 쓰는 경우가 많으며, 장수(長壽)의 의미로 수연(壽宴) 때 많이 사용하는 무늬이다.

The Ten Immortals are composed of the sky group including sun, moon, and cloud, earth group including mountain, rock, and water, animal group including crane, tortoise, and dear, and plant group including pine tree, bamboo, elixir plant, and peach. According to 『Mokeunjip(book of poems)』, the Ten Immortals are sun, cloud, stone, water, pine tree, bamboo, elixir plant, tortoise, crane, and dear with wish for long life. It is common to use some of them not all ten, such as deer, crane, and pine tree. This pattern is frequently used in the 60th birthday of a person as the meaning of long life.

햇살문光紋

햇살은 해의 빛 즉, 일광(日光)이며 생명의 근원이다. 부채살처럼 퍼져서 내리쬐는 햇볕을 기하학적인 무늬로 도안화하여 사용한다. 빛은 광명(光明), 생명(生命), 진리(眞理)를 상징하며 자연계인 태양, 달, 별빛은 영원함을 상징한다. 새해를 맞이할 때 온 집안에 불을 켜 놓는 것은 잡귀(雜鬼)를 물리치고 희망찬 새해를 맞이하겠다는 뜻이 담겨져 있다. 혼례 때에 신랑이 청사초롱에 불을 밝히고 신부 집에 가는 것도 축귀(逐鬼)의 뜻이다. 제사 때에 촛불을 켜 놓는 것도 좋은 신은 모시고 잡귀는 물리치고자 하는 뜻이다. 햇살문은 축복(祝福), 벽사(辟邪)의 의미를 지닌다.

Haetsalmun / Sunlight Pattern

The sunlight is the light of sun that is the daily light and source of life. The sunlight beating down on earth with the shape of fan rib was made into the design of geometric pattern. The light symbolizes bright future, life, and truth, and the natural group of sunlight, moonlight, and star light symbolizes eternity. It is a custom to turn all lights of the house in the beginning of New Year. It means to drive all evil spirits away and face hopeful New Year. The custom of groom turning on the Cheongsachorong(traditional Korean lantern) on the way to bride's house serves the same purpose of driving away the evil spirits. The custom of turning the candle in the ancestral rites means to invite good spirit and drive away the evil spirits. The sunlight pattern contains the meaning of blessing and driving out evil spirits.

구름문雲紋

구름이 지닌 상징성은 한국, 중국, 일본이 크게 다르지 않다. 유교, 불교, 그리고 도교가 삼국에 고루 퍼져 있기 때문이다. 다만 각 국의 색채상징의 차이에 따라 중국에서는 푸른 구름을 벌레나 곤충의 재앙이 일어날 징조로, 흰 구름을 상(喪)을 당할 징조로 간주하는 등 인식의 차이를 볼 수 있다. '청운의 뜻', '백운의 역 마루' 등의 표현에서 볼 수 있듯이 청운은 희망을, 백운은 미래나 피안(彼岸)을 상징하기도 한다. 삼국이 공통적으로 붉은 구름은 재난(災難), 검은 구름은 흉변(凶變), 누런 구름은 풍요(豊饒)와 번영(繁榮)의 상징성을 띤다고 생각하고 있다. 구름문은 우주의 자연현상을 형상화시킨 것이며, 구름이 있는 곳에 하늘이 있으므로 성스러움, 기원(祈願), 정토(淨土)의 의미를 표현하기 위하여 구름문을 도안화하여 사용하였다.

Gureummun / Cloud Pattern

The symbols of cloud are not significantly different in Korea, China, and Japan because the Confucianism, Buddhism and Taoism are well distributed in three countries. But there are some minor differences such as the color symbolization. For example, blue cloud serves as the sign of harm from insect or bugs and white cloud serves as the sign of family member's death in China. From the expressions of 'meaning of blue cloud' and 'future of white cloud', it can be inferred that blue cloud symbolizes hope whereas white cloud symbolizes future or nirvana. It is common to view red cloud as the sign of disaster, the black cloud as the sign of assassination or murder, and yellow cloud as the sign of abundance and prosperity. The cloud patterns are the embodiment of natural phenomena of the universe. The cloud pattern was made into design and used to express the meaning of holiness, wish, and paradise as the cloud is located in sky.

산수문山水紋

우리 선조들은 자연을 사랑하고 아끼는 마음이 남달랐다. 시대마다 수많은 묵객과 명인이 산수(山水)의 아름다움을 노래하고 찬양했다. 자연을 노래할 때 비단에 수를 놓듯이 아름다운 산천을 금수강산(錦繡江山)이라고 표현하였다. 산수문은 여성의 원리와 관련된 풍요, 공동체의 삶을 위한 어머니의 품, 그리

Sansumun / Mountain and Water Pattern

Our ancestors had extraordinary affection to love and value the nature. Countless painters and experts praised the beauty of the mountain and water. The beautiful mountains and streams were described as Geumsugangsan(means beautiful mountains and streams as if embroidered on a silk). The mountain and water pattern symbolizes the

고 장수를 상징한다. 종교적 차원의 산은 구름에 가린 산, 구름 저 너머의 높은 산, 신성한 나라, 이상향 등으로 인식된다. 또한 도인이나 신선이 살면서 영생을 누리는 인격체로 생각했다. 산수(山水)는 생명(生命)의 근원(根源)이며 영생(永生), 영원(永遠)의 상징성을 지닌다.

abundance related to the female principle, mother's warm breast for the life of community, and long life. The mountain is recognized as the mountain covered by cloud, mountain beyond cloud, sacred country, and utopia in the religious perspectives. Also, people thought of mountain and streams as being with personality where Taoist hermits live eternal life. The mountain and stream symbolizes the source of life, eternity, and eternal life.

파도문 波紋

물(水)은 예나 지금이나 우리가 살아가는데 잠시라도 없어서는 안 되는 필요 불가결한 물질이다. 불결해진 우리 몸을 깨끗하게 씻어 주어 우리 선조들은 때 묻지 않는 깨끗한 마음의 상징으로 삼았다. 물은 생명력과 정화력, 여성적 생산력을 상징하고 있으며 부정(不淨)을 물리치는 힘이 있다. 물은 음(陰)을 상징하고 오행에서 북쪽이며 검은색으로 달과 관련된다. 불(태양)은 양(陽)으로 위를 비추고, 물은 음으로 아래를 적신다고 하여 만물(萬物)을 형성한다고 보았다.
파도문은 도식화된 물결무늬를 말하는데 이는 산수복해(山水福海)를 상징하며, 발음과 관련하여 조정(朝廷)을 상징하기도 한다. 산수에서 산은 음(陰)으로 보고 물은 양(陽)을 의미한다. 왜냐하면 산은 고정되어 있으며 물은 움직이기 때문이다. 파도문은 물고기와 함께 사용되며 장수(長壽), 길상(吉祥), 등용(登用)의 의미로 사용된다.

Padomun / Wave Pattern

Water is a indispensible material that is necessary in our lives in all ages. Our ancestors considered water as the symbol of clean and innocent mind because it cleans our dirty body. The water symbolizes vitality, detergence, and feminine productivity and water is thought to have the power to expel misfortune. The water symbolizes Yin and is in the north of the Five Elements which is related to moon and black color. All things are created by the fire(sun) lightning above as Yang and water wetting the below as Yin.
The wave pattern refers to designed tide pattern which symbolizes Sansubokhae(fortune from mountain, water, and sea). It also symbolizes the royal court because of its sound. San is considered as Yin and water is considered as Yang in the Sansu(mountain and water) because the mountain is fixed and water moves. The wave pattern is used with fish as the meanings of long life, lucky omen, and appointment.

학문 鶴紋

두루미는 자태가 청초하고 고귀하여 신성한 새로 여겼다. 신선(神仙)이라고 부르며 장수하는 영조(靈鳥)로 인식되어 일상생활에서 매우 친숙한 새로 등장한다. 옛 그림이나 시(詩)를 보면 신선(神仙)이 사는 마당에서 두루미가 노닐고 있다. 자수나 병풍 그림에 두루미와 소나무, 사슴, 불로초 등이 십장생에 속하기 때문에 의도적으로 한자리에 모은 것이다. 학문(鶴紋)은 상서로움과 장수(長壽)의 의미로 쓰인다.

Hangmun / Crane Pattern

The red-crowned crane was considered as sacred, elegant, and noble bird. It was referred to Sinseon with recognition as long life sacred bird. This bird is appeared very often and familiar in the daily lives. In the old drawing and poems, the crane is leisurely play in the yard of the place where Taoist hermits live. The crane, pine tree, deer, and elixir plant are put into embroidery or folding screen drawing because they all belong to the Ten Immortals. The crane pattern is used with the meanings of auspiciousness and long life.

사슴문 鹿紋

사슴은 불멸의 신성한 순간을 포착할 수 있는 유일한 짐승으로 여겼으며, 장수(長壽)를 상징한다. 사슴의 그림은 관리들의 녹봉(祿俸)을 나타내기도 한다. 사슴은 우주의 동물로서 재생력과 성스러움으로 숭앙받았으며 거북, 학과 더불어 십장생의 하나이다. 이 때 사슴은 영생력(永生力)을 상징하고 있다.
사슴은 사찰의 산신각(山神閣)에서 볼 수 있는 선수(仙獸)이고, 수천년을 살 수 있는 장수의 영물로 전한다. 천년을 살면 청록(靑鹿)이 되고, 다시 오백년을 더 살면 백록(白鹿)이 되며, 또 오백년을 더 살면 흑록(黑鹿)이 되는데 검은 사슴은 뼈도 검어 이를 얻으면 불로장생(不老長生)한다고 전해진다. 사슴문은 소나무와 함께 도안화하여 장수(長壽)의 의미로 사용된다.

Saseummun / Deer Pattern

The deer was considered as the only animal to catch the moment of eternal life and it symbolizes long life. The drawing of the deer sometimes represents the salary of the government officers. Deer was worshiped as a universal animal with its regeneration and auspiciousness. It is one of the Ten Immortals as well and deer symbolizes the power for eternal life.
The deer is a spiritual animal which can be seen in the Sansingak on the temples. It is told that those deers have long life of thousands of years. It becomes a blue deer once it lives thousand years, becomes a white deer after another 500 years, and becomes a black deer after another

thousand years. It is told that the black deer has black bones which makes holder of the bone to live ever-young life. The deer pattern is made into design with pine tree as the meaning of long life.

거북문龜紋

거북은 십장생(十長生)의 하나로 장수(長壽)를 상징한다. 장수하는 사람을 경하(慶賀)하고 더욱 만수무강하기를 빌 때 귀령학수(龜齡鶴壽)라 한다. 남근(男根)은 거북이의 머리와 생김새가 유사하다하여 귀두(龜頭)라고 부른다. 삼국유사에는 귀두 같이 생긴 산이 낮에는 둘이 되고 밤에는 하나가 된다는 기록이 있는데 이는 남근의 성적 합의를 뜻한다. 거북은 장수를 의미하고 입에 서기(瑞氣)를 품고 있어 상서(祥瑞)로운 영물(靈物)로 표현되기도 한다. 선수(仙獸)를 상징한 동물로서 상징적인 의미를 가지며, 다양한 형태로 도안화하여 사용된다. 등의 껍질은 상갑(上甲)이라 하여 하늘의 지붕을 상징하고, 배의 껍질은 하갑(下甲)이라 하여 땅을 상징한다. 등껍질은 천지음양(天地陰陽)의 조화를 나타낸 것으로 집을 짓고 상량을 할 때 대들보에 하룡(河龍), 해귀(海龜)라는 문자를 써 넣어 길운과 상서로운 번영을 누리고자 하였다. 거북문은 천년장수(千年長壽)를 상징하며 천수(千壽)의 의미로 쓰인다.

Geobungmun / Turtle Pattern

The turtle is one of the Ten Immortals symbolizing long life. People say Gwiryeonghaksu(lifespan of turtle and crane) to congratulate the people who lived long life and wish for further long and healthy life. The male's genital is called as Gwidu(turtle's head) because it resembles the turtle's head. In Samgukyusa(history of Korean Three Kingdoms) has a record that a mountain looking like a turtle's head separate into two in the day and unite as one at night and it refers to sex.

The turtle is often described as auspicious and sacred animal because it symbolizes long life and has aura coming from mouth. Turtle has a symbolic meaning as spiritual animal. Diverse designs are used. The shell on the back is called Sanggap symbolizing the roof on the sky and the shell on the belly is called as Hagap symbolizing the earth. The shells represent the harmony of Sky and Earth, and Yin and Yang. People carved words like Haryeong(river dragon) and Haegwi(sea turtle) on the pillar in the process of building houses and putting up roofs to enjoy fortune and auspicious prosperity. The turtle pattern symbolizes the thousand years of long life and it is used with the meaning of natural span of life.

소나무문松紋

소나무는 십장생의 하나로 장수를 상징한다. 비바람과 눈보라 같은 자연의 역경 속에서 변함없이 늘 푸른 모습을 간직하고 있는 소나무의 기상은 꿋꿋한 절개와 의지를 나타내는 상징적 의미가 있다. 소나무는 오래될수록 격이 있고 아름답다. 꿈에 소나무를 보면 벼슬을 할 징조이고, 솔이 무성함을 보면 집안이 번창하며, 비 온 후에 솔이 나면 정승 벼슬까지 오르고, 송죽(松竹) 그림을 보면 만사가 형통한다고 하였다. 소나무를 일컬어 초목의 군자(君子)라고 한다. 초례상에 소나무 가지나 대나무를 꽂는 것은 추운 겨울을 잘 견디는 습성으로 혼인 후에 어려움을 잘 견디라는 의미를 지니며, 신랑 신부가 소나무와 대나무처럼 곧은 절개를 지키라는 뜻도 있다. 소나무는 세 가지 의미를 내포하고 있는데 첫째는 유교적 절의(節義)와 지조(志操), 둘째는 탈속(脫俗)과 풍요(豊饒), 셋째는 장수(長壽)이다. 소나무문은 십장생의 의미로 사슴이나 학과 함께 도안화하여 장수(長壽)의 의미로 쓰인다.

Sonamumun / Pine Tree Pattern

The pine tree is one of the Ten Immortals symbolizing long life. The pine tree maintains evergreen figure under the difficulties of nature such as rain, wind, and snow. Such spirit has symbolic meaning representing the upright fidelity and will. The pine tree is appreciated better and considered of high quality as older as it gets. Having a pine tree in a dream is a sign of getting a government position. Having a overgrowing of pines in the dream is a sign of prosperity of the family. Also, pine growing after rain is a indication that the person will one day become prime minster. Also, looking at pine tree and bamboo drawing makes all goes well. The pine tree is called as the noble tree among plants and trees. The pine tree branches or bamboo branches are placed in the table of wedding as the meaning of enduring the hardships after marriage just like the trees bear the cold winter well. Also, it has the meaning of telling the groom and bride to maintain upright fidelity like pine tree and bamboo tree. The pine tree has three inherent meanings. First is the Confucianism fidelity and chastity. The second is absence of vulgarity and abundance. And the third is long life. The design of pine tree pattern is made with deer and crane and used with the meaning of long life.

불로초문不老草紋

불로초(不老草)는 한자어로 늙지 않는 풀이라는 뜻이다. 불로초는 십장생의 하나인데 십장생이란, 민간신앙(民間信仰) 및 도교(道敎)에서 불로장생(不老長生)을 상징하는 열 가지의 사물을 가리킨다. 불로초는 한번 먹으면 늙지 않고 무병장수(無病長壽)하는 신비의 풀로 전해오고 있다. 불로초문은 영지버섯문과 함께 장수(長壽)의 의미로 사용된다.

Bullochomun / Herb of Eternal Youth Pattern

The meaning of Bullocho is the herb of eternal youth. It is one of the Ten Immortals and the Ten Immortals refer to the 10 things that symbolize ever-young life in the folk belief and Taoism. It is said that once a person eats the herb of eternal youth, the person will not age and live long and healthy life. The herb of eternal youth pattern is used with Lingshi mushroom pattern as the meaning of long life.

길상문吉祥紋

길상문은 모든 일이 뜻과 같이 잘 되기를 비는 의미이며 문자(文字)를 도안화하여 만(萬), 수(壽), 복(福), 강령(康寧), 만수(萬壽), 무강(無疆), 부귀(富貴), 다남(多男), 쌍희(囍)를 쓴다. 기하학적 무늬로는 만(卍)자문, 아(亞)자문, 희(喜)자문, 귀갑(龜甲)문을 사용하고, 식물문으로는 차꽃, 소나무, 매화, 연꽃, 대나무, 석류를 문양화하여 사용하기도 한다. 때로는 산수(山水), 풍경(風景), 화조(花鳥), 초충(草蟲)을 민화적으로 도안화하여 사용하기도 한다. 길상문은 '너도 좋고 나도 좋다'는 상부상조(相扶相助)의 의미를 지닌다.

Gilsangmun / Lucky Omen Pattern

The lucky omen pattern means that all goes well as expected. So the characters including Man(萬), Su(壽), Bok(福), Gangnyeong(康寧), Mansu(萬壽), Mugang(無疆), Bugwi(富貴), Danam(多男), and Ssanghui(囍) were made into designs. Geometric patterns such as Manja pattern(卍), Aja pattern(亞), Huija pattern(喜), and Gwigap pattern(龜甲) are used as lucky omen patterns. Plant like Tea-flower, pine tree, apricot flower, lotus flower, bamboo, and pomegranate are patternized and used as the lucky omen patterns. Sometimes, the drawings of mountain and streams, landscapes, flower and birds, and plants and insects are made into designs and used. The lucky omen pattern is used with the meaning of Sangbusangjo(mutual benefit).

일월문日月紋

일월문은 인류가 농경생활을 하면서 밀접한 관계를 지녀왔던 경천사상(敬天思想) 등에서 기인한 것이라 하겠다. 일찍이 중국에서 해(日)와 달(月)을 음양(陰陽)의 기본적 요소로 역리(易理)에서 오행(五行)으로 상징하였고, 중국에서는 음을 6이라 하고 양을 9라 한다. 이 수는 생수(生數)에서 나오는 숫자인데 생수는 1, 2, 3, 4, 5에서 나오는 숫자이다. 여기에서 짝수인 음의 수 2와 4를 더하면 6이 되고, 홀수인 양의 수 1, 3, 5를 더하면 9가 된다. 이 두수를 합치면 15가 되는데 15는 음양의 조화를 의미한다. 6과 9는 우리나라로 들어오면서 음양(陰陽)으로 해석되었으며 고대신화에서도 핵심적인 주제로 다양하게 쓰였다.
중국 고대신화에서 화기(火氣)의 정은 태양(日)이 되었고, 수기(水氣)의 정은 달(月)이 되었으며 일(日), 월(月)이 넘친 정이 성신(星辰)이 되었다고 한다. 그러므로 태양은 양(陽)으로, 달은 음(陰)으로 보았으며 삼족오(三足烏)는 태양(日), 두꺼비는 달(月)로 보았다. 이번 작품에서 일월도를 많이 사용하였는데, 해와 달을 동쪽에서 뜸으로 오른쪽에 배치하였고, 음양 관계를 생각하면서 작품을 구상하는데 기본으로 삼았다. 일(日)과 월(月)을 합치면 易(바꿀 역)이 되듯이 모든 것을 바꾼다는 의미를 지닌다.

Ilwolmun / Sun and Moon Pattern

It can be said that the sun and moon pattern was originated from the idea of worshiping the sky which had closely related to the agricultural lives. From the early time, Chinese symbolized the sun and moon as the fundamental elements of Yin-Yang and Five Elements in the principles of I Ching. The Yin is referred as 6 and Yang is referred as 9 in China. This numbers came from the Saengsu(life numbers) and the live numbers mean any numbers coming from 1, 2, 3, 4, and 5. When the even Yin numbers 2 and 4 are added, it becomes 6 which is Yin and when the odd Yang numbers 1, 3, and 5 are added, it becomes 9 which is Yang. Once these two numbers are added, it becomes 15 which represents the balance of Yin and Yang. The 6 and 9 were interpreted as Yin and Yang in Korea and these were widely used as the core subjects of ancient myths. In ancient Chinese myths, the essence of fire energy became the sun, the essence of water energy became the moon, and the energy from the sun and moon became stars. Therefore, the sun was viewed as Yang, the moon was viewed as Yin, three-legged crow was viewed as Sun, and the toad was viewed as moon. This work has frequently used the drawing of sun and moon. The sun and moon were arranged in the right because they rise from east. The relationship between Yin and Yang was considered as the basis of the work designs because the works had the meaning of changing everything as the Ill(日, sun) and Wol(月, moon) makes Yeok(易, to change) when combined.

달문月紋

달은 우리민족이 가꿔 온 천체신앙(天體信仰)의 중심에 우뚝 서 있는 대상물이었다. 이런 숭배 사상은 원시 농경사회(農耕社會)에서부터 끊어지지 않고 이어져 내려오고 있다. 달의 움직임을 기준으로 삼아 농사를 짓고 대소사에 길일(吉日)을 점쳐왔다.

해안에서 고기잡이를 하는 사람들은 보름달이 뜨면 바닷물이 많아지고 초승달이 뜨면 적어지는 것을 보고, 달이 바다를 마음대로 주관하는 것으로 믿어 숭배하였다. 음력 대보름 초저녁에 떠오르는 달빛을 보고 풍흉(豊凶)을 점치기도 했다. 달이 붉으면 가물고, 희면 장마가 질 징조(徵兆)라고 여겼다. 또한 떠오르는 달의 형태(形態)와 대소(大小) 고저(高低)로도 달 점을 쳤다. 북쪽으로 치우치면 두메가 풍년이 들고, 남쪽으로 치우치면 바닷가에 풍년이 들 징조라고 받아 들였다. 만물생성의 모신(母信)으로 여겨 숭배하여 왔던 이런 풍속은 우리 생활 속에 깊이 배어 있다. 예로부터 전해 내려오고 있는 우리 풍속의 정월대보름, 이월영등, 팔월한가위, 시월상달은 모두 달을 하늘과 같이 우러렀던 원시신앙의 유풍이기도 하다. 달문은 풍요(豊饒)와 기원(祈願), 새로운 탄생(誕生)의 의미가 담겨있다.

Dalmun / Moon Pattern

The moon has been the core subject in the center of religious belief of celestial bodies. Such worships has been continued from the primitive agricultural society and passed down without being stopped. The farming was done and fortunate dates were determined based on the movement of moon.

The fishers in the seaside found that the level of sea water gets higher in full moon and lower in the crescent moon. Therefore, they worshiped the moon and believed that moon was in charge of the sea. People used to determine the good and bad harvest based on the moonlight of the early night in the 15th day of the January in lunar calendar. Red moon indicated drought and white moon indicated rainy season. Also the shapes, sizes, and altitude of the rising moon were used to determine the fate. When the moon is leaning toward north, then mountainside will have good harvest whereas the moon leaning toward south indicated good harvest in seaside. Such customs of worshipping moon as the mother god of all creations are deeply penetrated in our lives. The traditional events in the 15th day of the January in lunar calendar, first day of February in lunar calendar, 15th day of August in lunar calendar, and the Harvest month of October are all customs handed down from the primitive belief of worshipping moon. The moon contains the meanings of abundance and wishing.

태극문太極紋

태극은 하늘과 땅이 나누어지기 전 우주 만물의 근원이다. 우주만상의 태극 상태에서 음양(陰陽)이 생기고 음양(陰陽)의 조화에서 오행(五行)이 생겼다고 한다. 우리나라 국기는 태극을 기본으로 하기 때문에 태극기라 부른다. 붉은색의 양(陽)과 파랑색의 음(陰)이 조화를 이루어 태극모양을 만든다. 이때 태극은 하늘이며 우주이며 해와 달(日月)이고 음양(陰陽)의 본체로서 음양(陰陽)의 화합을 통해 풍년(豊年)과 다산(多産)을 상징한다.

태극은 천지만물을 이루는 상대가 되는 두 가지 성질인 음(陰)과 양(陽)으로 이루어져 있다. 인간의 미래를 주술적인 힘을 빌려 추리 또는 판단하고자 하는 점복(占卜)에도 음양의 원리가 활용된다. 역경(易經)을 응용한 음양오행(陰陽五行)이나 수리를 기초로 하여 괘를 만들고 해석하여 길흉(吉凶)을 판단한다. 음(陰)은 여성을, 양(陽)은 남성을 상징한다. 이러한 상징은 하늘을 양으로, 땅을 음으로 보아 하늘과 땅의 기운이 하나로 합하는데서 만물이 생성된다는 역학적(易學的) 사고에 의한 것이다.

역경은 음양을 다룬 경전이다. 오행(五行)은 한 음양이고 음양은 한 태극이다. 태극은 본래 무극(無極)이다. 오행이 생겨서 그 성질을 하나씩 따로 가지게 된다고 하여 만물의 형성을 태극(太極)과 음양오행(陰陽五行)의 구도로 삼았다. 하늘과 땅이 아직 나누어지기 전 세상 만물의 원시 상태를 음양(陰陽)의 도상으로 나타내는 것이 태극문이다.

Taegeungmun / Great Absolute Pattern

The Great Absolute is the source of all creations in the universe before the sky and earth were separated. The Yin-Yang emerged from the Great Absolute condition and the Five Elements emerged from the harmony of Yin and Yang. Our national flag is called Taegeukgi because it is based on the Taegeuk(the Great Absolute). The red colored Yang and blue colored Yin make harmony to create the shape of the Great Absolute. In this sense, the Great Absolute is the sky, universe, sun and moon, and the main body of the Yin-Yang. It symbolized the good harvest and fecundity. The Great Absolute is composed of two elements namely Yin and Yang which are complements of forming all creations. The divination is an attempt to understand and infer the future with the aid of shamanism. The principle of Yin and Yang is used in the divination as well. The Yin-Yang and Five Elements using I Ching and math are set to be the basis for making trigram and interpret the fortunes and misfortunes. The Yin symbolizes female and Yang symbolizes male. Such symbolization is the result of I Ching idea that the energy from sky and earth are combined to create everything and the sky is considered as Yang and earth is considered as Yin.

I Ching is the scripture dealing with Yin and Yang. The Five Elements are the part of Yin-Yang and the Yin-Yang is the part of the Great Absolute. The Great Absolute is originally boundless. The creation of all things were set to be the goal of the Great Absolute, Yin-Yang and Five Elements because everything has the characteristics of the Five Elements. The Great Absolute represents the primitive states of all things in the world before the sky and earth were separated as the icons of Yin and Yang.

팔괘문 八卦紋

팔괘는 자연계(自然界)와 인사계(人事界)의 모든 현상을 음양(陰陽)으로 겹쳐서 팔괘상으로 나타내는데 팔괘문은 행복을 상징하며 복록(福祿)을 추구한다. 인간의 미래를 점치는 것 가운데 가장 오래된 것이 역경(易經)이다.
주역(周易)의 팔괘란 감(坎), 곤(坤), 진(震), 손(巽), 건(乾), 태(兌), 간(艮), 이(離) 이다. 감(坎)은 깊은 것으로 물과 함정, 곤(坤)은 수용적인 것으로 땅과 어머니, 진(震)은 일깨우는 것으로 움직임과 위기, 손(巽)은 유순한 것으로 숲과 바람, 건(乾)은 창조적인 것으로 하늘과 아버지, 태(兌)는 즐거운 것으로 쾌락, 간(艮)은 정적인 것으로 높은 곳, 이(離)는 달라붙는 것으로 불과 아름다움을 상징한다. 여덟 개의 괘를 서로 곱하면 64괘로 이루어지는데 이 괘는 주역의 기본이 된다.

Palgwaemun / Eight Trigrams Pattern

The Eight Trigrams uses Yin-Yang to describe all phenomena of the natural world and human world with eight trigram physiognomies. The 8 trigram physiognomies represent happiness and seek fortune and wealth. The oldest tool to forecast the future of human is the I Ching.
The Eight Trigrams in the Book of Changes are Gam, Gon, Jin, Son, Geon, Tae, Gan, and Ei. The Gam symbolizes the deep such as water and trap, Gon symbolizes the receptive such as earth and mother, Jin symbolizes the awakening such as movement and crisis, Son symbolizes the Gentle such as forest and wind, Geon symbolizes the creative such as sky and father, Tae symbolizes the pleasant such as pleasure, Gan symbolizes the static such as high place, and Ei symbolizes the sticking such as fire and beauty. Multiplying the 8 Trigrams gives 64 Trigrams which are the basis of the Book of Changes.

단청문 丹靑紋

단청이란 궁궐, 사찰, 정자 등 전통양식의 건축물에 여러 가지 빛깔로 그림이나 무늬를 그리는 것을 말한다. 단청은 오채(五彩)를 쓰며 오채는 청(靑), 적(赤), 황(黃), 백(白), 흑(黑)을 말한다.
청색은 봄과 동쪽을, 적색은 여름과 남쪽을, 황색은 환절기 중앙을, 백색은 가을과 서쪽을, 흑색과 남색은 겨울과 북쪽을 뜻한다. 오방색(五方色)의 의미로는 청색은 기쁨, 붉은색은 성냄, 노란색은 생각, 흰색은 두려움, 검정색은 근심을 의미한다. 기쁨이 넘치면 성냄이 되고, 성냄이 지나면 생각하게 되고, 생각이 끝나면 두려움이 오고, 두려우면 근심이 되고, 근심이 끝나면 다시 기쁨이 시작되는 것이 우리의 인생사다.
우리의 오방색은 예부터 전해오는데, 우리나라의 자연에서 발생되는 색에서 비롯되었다. 동쪽의 녹색은 나뭇잎색이고, 남쪽의 빨간색은 우리나라 나무를 태우는 불의 색이다. 중앙은 노란색이고 흙의 색이며, 서쪽의 흰색은 우리의 돌에서 생산되는 백금의 색이고, 북쪽을 가리키는 검정색은 우리나라의 강이나 바닷물 색에서 비롯된 것이다. 그래서 중국과 우리나라의 오방색은 색에 있어서 차이가 난다. 오방색을 사용할 때에는 우리나라에서 자생된 나뭇잎과 불의 색, 흙의 색, 백금의 색, 물의 색을 기본으로 삼아야 한다.
상징하는 동물로 향(向)을 향해서 좌(左)는 동쪽 청룡(靑龍), 우(右)는 서쪽 백호(白虎)나 기린(麒麟), 남쪽은 주작(朱雀)이나 봉황(鳳凰), 북쪽은 현무(玄武), 중앙(中央)은 황룡(黃龍)을 일컫는다. 단청문(丹靑紋)은 사엽화, 보상화, 연꽃당초, 태평화, 운기문 등을 사용하고 때로는 도안화하여 다른 무늬와 함께 사용한다. 태평성대(太平聖代), 부귀영화(富貴榮華), 정토(淨土)와 불교적 의미를 지닌다.

Dancheongmun / Dancheong Pattern

Dancheong refers to drawing picture or pattern using diverse colors on the traditional buildings like palaces, temples, and pavilions. Dancheon uses five colors which are green, red, yellow, white, and black.
The green means spring and east, red means summer and south, yellow means changing period of seasons and middle, white means fall and west, black and navy mean winter and north. The meanings of the five colors are as follow. Green means happiness, red means anger, yellow means thoughts, white means fear, and black means worry. When the happiness is overflowed, it becomes anger, people get to think once the anger passed by, people get afraid after the thinking, the fear brings worries, and lastly happiness comes once the worry is gone. That is the cycle of our life.
Our five colors were passed down from old times and these colors originated from the naturally emerging colors. The green of the east is the color of tree leaves. The red of south is from the fire which burns the trees of our country. The yellow from the middle is the color of sand. The white of the west is the color of platinum produced from the stones of Korea. The black of the north is originated from the rivers and seas of Korea. This is why the five colors of Korea and China are different. When the five colors are used, the colors of tree leaves, fire, sand, platinum, and water of Korea must be set as basis.
The animals symbolizing each direction are as follow. The Green dragon symbolizes the east and left and white tiger or Girin symbolizes the right and west. The oriental phoenix symbolizes the south and the Black Tortoise symbolizes the north. Lastly yellow dragon symbolizes the middle. Dancheongmun uses and makes the design of the Sayeophwa, Bosanghwa, Yeonkkotdangcho, Taepyeonghwa, and Ungimoon. Also, it uses such designs with other patterns. It contains the meanings of the reign of peace, wealth and honor, and paradise as well as Buddhistic meaning.

부적문符籍紋

부적은 종이에 글씨나 기타 주술적인 기호 등을 그리거나 목판으로 찍은 것이다. 주술적 방법을 이용하여 인간사의 길흉(吉凶)을 관장하려는 의도로 복(福)을 불러들이고 액운(厄運)을 물리치고자 하였다.

우리의 부적에는 재앙을 쫓고 집안의 행운을 불러오는 애절한 기구(祈求)가 담겨 있다. 민간신앙의 차원에서 삼국시대 이전부터 널리 쓰여 온 부적은 귀신이 싫어한다는 붉은 주사(朱砂)를 사용하였으며, 소재길상(消災吉祥)의 의미를 지닌 방귀퇴귀법(放歸退鬼法)의 일종이었다. 부적은 지금도 미신을 받드는 집안이나 시골에 가면 흔히 볼 수 있다.

삼국유사(三國遺事)의 권제5(卷第五)에 보면 '밀본법사가 약사경(藥師經)을 외고 육환장을 날려서 늙은 여우 한 마리와 중 법척을 찔러 선덕여왕의 병환을 낫게 했다'는 기록으로 미루어 부적은 고대로부터 애용되어 왔음을 추측할 수 있다. 지금도 시골에서는 음력 5월 5일을 천중가절(天中佳節)이라고 하여 연중 양기가 가장 왕성한 단오절에 부적을 붙이면 영험이 있다고 믿어 부적을 붙이는 풍속이 남아 있다. 부적문은 기원(祈願)의 의미도 있지만 벽사(辟邪)의 의미가 강하다.

Bujeokmun / Talisman Pattern

The talisman refers to drawings of writings and shamanistic signs on the paper or craving on the wood blocks. It is an intention to control the fortune and misfortune of the human affairs by using shamanistic methods. It attempts to bring in the fortune and repel misfortune.

Mournful wishing and seeking of driving out the disasters and bringing in the fortune are embraced in Korean talisman. In the level of folk belief, the talisman has been used prior to the Korean Three Kingdoms period when red liquid known to drive out the evil spirits was used. The talisman is the kind of methods to drive out the evil spirit as the means of preventing disaster and bringing the luck.

According to the Gwonje 5 of the Samgukyusa, there is a record that a Buddhist monk read the Yaksagyeong(Buddhist scripture), threw Yukhwanjang(rod with six rings), and stabbed one fox and monk named Beopcheok to cure the disease of Queen Seondeok. It can be inferred that the talisman has been widely used from the ancient times. Even today, some of the provinces believe that posting a talisman on the May 5th in lunar calendar(Danojeol) will bring the highest Yang energy in the year. The talisman serves the purpose of wishing but has the stronger meaning of driving out the evil spirits.

보상화문寶相花紋

보상화란 불교에서 쓰이는 이상(理想)의 꽃으로 본래 이름은 만다라화이다. 흔히 백련화(白蓮花)를 가리키지만 덩굴무늬를 주제로 하여 사용된 가상적인 오엽화를 말한다. 꽃의 넝쿨무늬는 구름을 상징하기도 하며 꽃구름이라고 부르기도 한다. 보상화문은 태평성대(太平聖代), 정토(淨土)의 불교적 의미로 쓰인다.

Bosanghwamun / Bosanghwa Pattern

Bosanghwa is an ideal flower used in the Buddhism which was originally called Mandara flower. It is often referred to white lotus flower but it means an imaginary five petal flower having the vine pattern as the subject. The Bosanghwa pattern is used with the Buddhistic meanings of reign of peace and paradise.

태평화문太平花紋

주로 단청문에 많이 쓰이는 꽃무늬 중 하나이다. 도안된 꽃무늬로, 네 잎 혹은 여섯 잎으로 그려진 꽃에 풀잎이 장식된 꽃 모양이다. 태평화는 태평세계를 뜻하는 것이며 잘 다스려진 안락한 세계를 상징한다. 고귀한 꽃으로 장엄한 궁궐이나 사찰에서 많이 쓰이며, 불교적 의미로 하늘 꽃의 일종으로 표현되기도 한다. 태평화문은 태평성대(太平聖代), 정토(淨土)의 의미로 사용된다.

Taepyeonghawmun / Blessed Peace Flower Pattern

This pattern is one of the pattern frequently used in the Dancheong pattern. It is an designed flower pattern and flower has 4 or 6 petals with decorations of glass leaves. The Taepyeonghwa means the world of piece and symbolizes an well reigned comfortable world. It is considered as noble flower which is widely used in the magnificent palace or temples. This flower is used as a kind of heavenly flower with Buddhistic meaning sometimes. The Taepyeonghwa pattern is used with the meanings of reign of peace and paradise.

대추문棗紋

대추는 열매가 많이 열리는 풍요(豊饒), 다산(多産), 다남(多男)의 의미가 있다. 경기도나 충청도 지방에서는 제사를 지낸 후 대추를 먹으면 아들을 낳는다고 믿었으며, 일반적으로 꿈에 대추를 먹으면 귀한 아들을 낳는 태몽이라고 믿었다. 대추는 다남을 기원하는 상징물로 폐백(幣帛)에 쓰인다. 신부가 좋은 대추

Daechumun / Jujube Pattern

The jujube fruit contains the meaning of abundance, fecundity, and many sons because the tree bears lots of fruits. People in the Gyeonggi-do and Chungcheong-do area believed that if a woman eats jujube after the ancestral rite, then she will have son. Also, having a dream of eating

를 붉은 실에 꿰어 그릇에 둥글게 쌓아 폐백 상에 올리면 시부는 실에서 대추를 빼어 신부 치마폭에 던지면서 다남을 기원했다. 시부 외에 다른 사람은 대추를 던지는 것이 아니다. 이 때 시모는 육포를 만지는데 이는 며느리의 허물을 덮어 달라는 의미를 지닌다.

혼인할 때 신부는 옷상자 경대와 함께 대추를 가지고 가기도 했다. 이는 아들을 많이 낳기 위한 바람에서였다. 『동국세시기(東國歲時記)』에 의하면 대추나무의 줄기가 둘로 갈라진 곳에 돌을 끼우면 대추가 많이 열린다고 해서, 오월 단옷날 정오에 대추나무를 시집보내는 풍속이 있다고 한다. 대추무늬(棗紋)는 벽사(辟邪)와 다산(多産)의 의미로 쓰인다.

jujube fruit was believed to be a precognitive dream for valuable son. The jujube fruit is used in the traditional ceremony called Pyebaek because it symbolizes many sons. If the bride sticks good jujube in a red thread and place it on the Pyebaek table in a round shape then the father in law must take out the jujube and throw it to the skirt of the bride with wishing for many sons. No one else except father in law is allowed to throw the jujube. In this process, the mother in law touches beef jerky which means wishing for the concealment of the fault of the daughter in law.

Often newly brides brought cloth box, dresser, and jujube wishing to have many sons. According to the 『Dongguksesigi』, there was a custom to give jujube tree away in marriage on the 5th day of May in lunar calendar. It is said that jujube tree will bear lots of fruit if one place a stone in the place where jujube tree branch is divided into two. The jujube pattern is used with the meanings of driving out evil spirits and fecundity.

포도넝쿨문葡萄唐草紋

포도는 한 가지에 많은 열매가 맺는데서 풍요를 상징한다. 토양을 가리지 않고 아무 땅에서나 잘 자라며 겨울을 잘 넘기기 때문에 강인한 생명력을 상징하기도 한다. 석류는 수태(受胎)와 다산(多産)을 상징하고, 복숭아는 장생(長生)과 벽사(辟邪)를 상징하는데 비해, 포도는 이 두 가지 의미를 모두 지닌다. 생기 있게 뻗어 나가는 넝쿨은 연속되는 수태(受胎)를 뜻하고, 넝쿨손은 용(龍)의 수염을 닮았다 해서 큰 인물의 잉태(孕胎)나 벽사(辟邪)의 의미가 있다. 주렁주렁 열린 포도송이는 기자(祈子)의 뜻이 담긴 내용으로 자손만대(子孫萬代)의 뜻으로 불리기도 한다. 포도문은 대개 넝쿨무늬로 도안화하여 사용하는데 장수(長壽), 다복(多福), 다부(多富), 다남(多男)의 의미를 지닌다.

Podoneongkulmun / Grapevine Pattern

Grape symbolizes abundance because it bears lots of fruits in one branch. It is well grown in any land regardless of the type of sand and overcome the winter very well so it symbolizes the life and vitality. Pomegranate symbolizes impregnation and fecundity, peach symbolizes driving out evil spirits and long life, and the grape symbolizes all of them. The vine expanding vividly means continuous impregnation and the vine hand has the meanings of impregnation of great figure and driving out evil spirit as it resembles the beard of dragon.

The bunch of grapes hanging in cluster is often used with the meaning of ten thousand generations of descendents and praying for impregnation of son. The grape vine pattern is often made into the design of vine patterns for use and it symbolizes long life, many fortunes, many wealths, and many sons.

버드나무문柳木紋

우리 민화의 소재로 주로 사용되는 버드나무와 갈대, 그리고 물새들의 풍경인 그림이 성행하는 것은 그 그림이 지니고 있는 우의적인 뜻 때문이다. 즉 버들류(柳)는 머물류(留)와 음이 같아 기다림의 의미가 있다. 쳐져있는 버드나무 가지는 예전에는 용을 상징하기도 하였다. 버드나무 무늬(柳木紋樣)는 남녀간의 사랑, 기다림, 머무른다는 뜻을 지닌다.

Beodeunamumun / Willow Pattern

The reason why willow, reed, and water birds are frequently used as subjects of folk painting is the parable meaning of the drawings. In other words, the Ryu(柳 willow) has meaning of waiting like Ryu(留 waiting). People used drooping willow to symbolize dragon in the past. The willow pattern contains the meanings of love between man and woman, waiting, and staying.

칠보문과 팔길상문 七寶紋, 八吉祥紋

칠보문(七寶紋)은 자손들에게 앞으로 좋은 일이 많이 일어나길 바라며 풍요로운 삶과 재앙을 물리치길 기원하는 무늬이다. 칠보문은 부(富)와 길상(吉祥)의 의미로 사용된다.

팔문문(八寶紋)은 불교에서 여덟 가지 상서로운 물건을 팔보(八寶) 또는 팔길상(八吉祥)이라 하는데 팔보에는 불교에서 말하는 것 외에 또 다른 팔보가 있다. 진주, 능형(菱形), 경(磬:편경), 물소 뿔, 돈, 거울, 책, 나뭇잎(艾葉)의 여덟 가지 상서로운 물건을 팔보라 한다.

Chilbomun and Palgilsangmun /
Seven Treasures Pattern and Eight Lucky Physiognomies Pattern

The seven treasures pattern is used as the wish for many fortunate events in the future as well as abundant life and to repel disaster. The seven treasures pattern is used with the meaning of wealth and lucky physiognomies.

In Buddhism, the eight auspicious objects are called as eight treasures or eight lucky physiognomies. But there exist another eight treasures different from the Buddhistic meaning which are pearl, rhomb, Pyeongyeong(a

진주는 정(精)한 여성을 의미하고 능형은 능통한 대자연의 승리(勝利)를 상징한다. 경은 경(慶)과 통하고, 물소 뿔은 행복(幸福)을, 돈은 마귀(魔鬼)를 제압하고, 거울은 그 빛이 마귀를 물리쳐 흩어지게 한다는 뜻을 지니며, 서책은 상서(祥瑞)를, 나뭇잎은 농촌의 부(富)와 길상(吉祥)을 표현한다.

musical instrument), horn of water buffalo, money, mirror, book, and leaves. Such eight auspicious objects are called as eight treasures.
Pearl symbolizes loving and caring woman, rhomb symbolizes the victory of proficient mother nature, Gyeong symbolizes happy occasions(慶 pronounced same as Gyeong), the horn of water buffalo symbolizes happiness, money suppresses evil spirit, light from mirror makes evil spirit to dissipate, books symbolizes auspiciousness, and leaves symbolizes the wealth and lucky omen of the farming village.

경보문鏡寶紋

거울은 청동기 시대부터 사용되었다. 석경(石鏡), 동경(銅鏡), 은경(銀鏡) 등의 거울은 통치자를 상징한다. 예로부터 칠보의 하나로 여겼으며 거울은 우주를 통치하는 하느님의 헌신(獻身)을 상징한다. 둥근 거울은 태양과 광명을 상징한다. 이것은 태양의 밝은 빛이 인간의 미래를 투시할 수 있다고 믿는 생각과 상통한다. 거울문은 다복(多福)의 의미와 길상(吉祥)의 의미로 쓰인다.

Gyeongbomun / Mirror Pattern

The mirror has been used since the Bronze Age. Stone mirror, bronze mirror, and silver mirror symbolized the rulers. It was considered as one of the seven treasures from old times and it symbolizes the devotion of God who rules the universe. Round mirror symbolizes sun and bright future which correspond to the belief that the bright sunlight can penetrate the future of mankind. The mirror pattern is used with the meaning of many fortunes and lucky omen.

나뭇잎문艾葉紋

단군신화에서 쑥은 영약(靈藥)으로 등장한다. 짐승을 사람으로 변화시킬 수 있는 신령스러운 약으로 칠보 중 하나이며 주술적인 기능을 지니고 있다. 쑥은 조화(造化)를 가져오는 매개체이기도 하다. 일반적으로 나뭇잎은 풍요(豊饒), 성장(成長), 탄생(誕生)을 의미한다.

Namunnipmun / Leaf Pattern

The wormwood appears as miraculous drug in the Myth of Dangun. This shamanistic drug was one of the seven treasures which can transform beast into human being. The wormwood is a medium to bring harmony as well. Generally it means abundance, growth, and birth.

방승보문方勝寶紋

방승보문은 길상(吉祥)을 상징하는 도안이며 두 개의 능형이 서로 엮여 있는 형태다. 두 개의 방형이 서로 연결되어 있는 것은 마음이 함께 하여 서로 떨어지지 않는다는 의미를 지니고 있으며, 주로 만남의 의미로 밑그림에 사용되거나 다른 무늬와 함께 사용된다.

Bangseungbomun / Bangseungbo Pattern

The Bangseungbo pattern is the design symbolizing the lucky omen and two rhomb are intertwined. The intertwined squares mean that the two minds are together and do not split. This pattern is mainly used in the background or with other patterns with the meaning of meeting.

서각보문犀角寶紋

서각이란 물소 뿔을 말하며, 예로부터 매우 귀한 물건으로 취급되었다. 물소 뿔(水牛角)중에 흑각(黑角)은 장신구에 쓰여 귀중한 고급물로 여겨져 왔으며, 칠보문 중에서도 서각보(犀角寶)라 하여 길상무늬(吉相紋樣)로 도안화하여 사용하였다. 흑각은 다복(多福)을 상징하는데 술잔 등으로 만들어 사용하였다. 활 중에서도 귀하게 여기는 흑각궁(黑角弓)이 있고, 관대(冠帶)도 물소 뿔로 된 흑각대(黑角帶)를 가장 귀한 물건으로 여겼다.

Seogakbomun / Horn Pattern

The Seogak refers to horn of water buffalo and it was considered as very valuable object from old times. The black horn among all horns of water buffalo was considered as valuable and luxurious good and used in the accessory. It was called as Seogakbo in the seven treasures and lucky omen design was created and used. The black horn symbolizes many fortunes and it was made into cup for alcohol. The black horn bow is considered most valuable among all bows and black horn sash was considered most valuable as well.

전보문錢寶紋

엽전은 앞날의 길흉과 화목을 예견하기 위한 점복(占卜)의 도구로 사용되었다. 엽전은 원, 네모, 팔각 등으로 그 모양이 다양하며 표면에 오복(五福), 수복강녕(壽福康寧), 수복다남(壽福多男), 천지(天地), 산천(山川) 등의 문구가 전서체(篆書體)나 해서체(楷書體)로 새겨져 있다. 또한 길상(吉祥)이나 벽사(辟邪)와 관련된 무늬가 새겨져 있다.
엽전은 네모난 구멍이 있고 바깥 선은 둥글다. 둥근 것은 하늘이고, 그 안에 네모난 구멍은 동서남북(東西南北)을 가리키는 땅이다. 도가(道家)에서 말하는 천지(天地) 및 우주원리와 같은 의미이다. 세속적인 가치를 지닌 물건에 천지 및 우주의 원리를 묶어두려고 한 지혜가 담겨 있으며 '원'과 '방위(方位)'의 상징성과 더불어 장수(長壽), 축귀(逐鬼), 명예(名譽), 백년해로(百年偕老), 다산(多産)의 의미를 지닌다.

Jeonbomun / Brass Coin Pattern

The brass coin was used as the tool of divination to forecast the fortune and bad fortune in the future. The brass coin has diverse shapes such as circle, rectangle, and octagon. Phrases like Obok(five fortunes), Subokgangnyeong(long life, and happiness and peace), Subokdanam(long life and many sons), Cheonji(heaven and earth), and Sancheon(mountain and streams) were carved in the surfaces in Jeonseoche(font for publication) and Haeseoche(variation of clerical script which writes in printed form).
The brass coin has rectangular whole and the outer line is round. Round symbolizes sky and the square inside symbolizes the land pointing out four directions. It shares the meaning of universal principle and heaven and earth of the Taoism. Our ancestors used wisdom to embrace the principles of universe, heaven, and earth into object with mundane value. Also the brass coin symbolizes 'circle' and 'bearing' and contains the meaning of long life, honor and nobility, growing old together, and multiple children.

특경보문特磬寶紋

고대 악기의 하나로 옥이나 돌로 만든 아악기(雅樂器) 중 하나이다. 'ㅅ'자 모양으로 생겼으며, 그 소리를 귀하게 여긴 까닭에 형상(形象)으로 나타냈다. 한 가자(架子)에 하나씩만 달며 풍류(風流)를 그칠 때에 친다. 길상(吉祥)의 의미도 지닌다.

Teukgyeongbomun / Teukgyeongbo Pattern

It is an ancient musical instrument and a kind of instruments for court music made of jade or stone. It has 'ㅅ' shape and was considered as valuable form because of its sound. One frame hold each of the instrument and it was used to cease the appreciation of the music.

화보책문畵報册紋

화첩과 책의 모양을 도안화하여 사용했는데, 서화는 예로부터 타고난 복(福)과 벼슬(官職), 녹봉(祿俸)을 의미한다. 책은 사람의 생각이나 지식을 체계 있게 적어서 모아 놓은 것으로 일반적으로 지식을 상징한다. 사람들의 지적 수준을 따질 때 '책을 많이 읽은 사람' 혹은 '책을 많이 쓴 사람' 등으로 표현하는 것도 바로 책 속에 체계적인 지식이 들어 있음을 반영하는 것이다. 책은 칠보문 중의 하나이며, 신비의 영력(靈力)을 상징한다.

Hwabochaekmun / Picture Book and Book Pattern

The shapes of picture books and books were created into designs and were used. The paintings and calligraphic works meant natural fortune, government position, and income from the old times. Book is a systematic collection of ideas and knowledges of the people which generally symbolizes knowledge. People used the phrases 'one who read lots of books' or 'one who wrote lots of books' to discuss the intellectual level of people which reflect that book contains systematic knowledge. Book is one of the seven treasures and symbolizes the mysterious power of the spirit.

54
연꽃문, 국화문, 돌림문
Lotus Flower Pattern,
Chrysanthemum Pattern,
Rotation Pattern

55
파도문
Wave Pattern

55
태극문, 수레차문
Great Absolute Pattern,
Wagon Pattern

57
백일홍꽃문
Crape Myrtle Flower Pattern

57
백일홍꽃문
Crape Myrtle Flower Pattern

57
사슴문
Deer Pattern

57
연꽃문
Lotus Flower Pattern

57
연꽃문
Lotus Flower Pattern

57
토끼문
Rabbit Pattern

58
연꽃문, 돌림문
Lotus Flower Pattern,
Rotation Pattern

58
연꽃문, 격자문, 고리문
Lotus Flower Pattern,
Lattice Pattern, Link Pattern

58
연꽃문, 국화문, 빗살문
Lotus Flower Pattern,
Chrysanthemum Pattern,
Teeth of Comb Pattern

58
연꽃문, 국화문, 돌림문
Lotus Flower Pattern,
Chrysanthemum Pattern,
Rotation Pattern

59
길상문
Lucky Omen Pattern

59
길상문
Lucky Omen Pattern

60
모란문, 기하학적문, 장방형떡살
Peony Pattern, Geometric Pattern,
Rectangular Tteoksal

60
모란문, 기하학적문
Peony Pattern, Geometric Pattern

61
연꽃문, 만자문, 장방형떡살
Lotus Flower Pattern, Manja
Pattern, Rectangular Tteoksal

61
연꽃문, 만자문
Lotus Flower Pattern,
Manja Pattern

62
연꽃문, 국화문, 돌림문
Lotus Flower Pattern,
Chrysanthemum Pattern,
Rotation Pattern

62
연꽃문, 국화문, 고리문
Lotus Flower Pattern,
Chrysanthemum Pattern,
Link Pattern

62
연꽃문, 만자문, 뇌문
Lotus Flower Pattern,
Manja Pattern, Fret Pattern

64
만자문
Manja Pattern

64
사슴문
Deer Pattern

64
연꽃문, 돌림문
Lotus Flower Pattern,
Rotation Pattern

64
연실문, 고리문
Lotus Pip Pattern, Link Pattern

65
화문, 사태극문
Flower Pattern,
Four Taegeuk Pattern

65
삼태극문
Three Taegeuk Pattern

65
만자문
Manja Pattern

66
연꽃문, 격자문
Lotus Flower Pattern,
Lattice Pattern

66
연꽃문, 이화문, 파도문
Lotus Flower Pattern, Pear Blossom
Pattern, Wave Pattern

66
연꽃문, 길상문
Lotus Flower Pattern,
Lucky Omen Pattern

67
연꽃문, 만자문
Lotus Flower Pattern,
Manja Pattern

67
연꽃문, 만자문, 빗살문
Lotus Flower Pattern, Manja
Pattern, Teeth of Comb Pattern

67
연꽃문, 돌림문
Lotus Flower Pattern,
Rotation Pattern

67
연꽃문, 돌림문
Lotus Flower Pattern,
Rotation Pattern

68
연꽃문, 국화문, 고리문
Lotus Flower Pattern,
Chrysanthemum Pattern,
Link Pattern

68
국화문, 연꽃문, 빗살문
Chrysanthemum Pattern,
Lotus Flower Pattern,
Teeth of Comb Pattern

68
만자문, 연꽃문
Manja Pattern,
Lotus Flower Pattern

70
물고기문, 빗살문
Fish Pattern, Teeth of Comb Pattern

70
물고기문, 돌림문
Fish Pattern, Rotation Pattern

70
물고기문, 국화문, 파도문, 고리문
Fish Pattern, Chrysanthemum
Pattern, Wave Pattern, Link Pattern

72
돌림문, 만자문
Rotation Pattern, Manja Pattern

72
뇌문
Fret Pattern

72
연꽃문, 영롱문, 돌림문, 만자문
Lotus Flower Pattern,
Bright Pattern, Rotation Pattern,
Manja Pattern

73
연꽃문, 박쥐문, 수자문, 돌림문
Lotus Flower Pattern, Bat Pattern,
Suja Pattern, Rotation Pattern

73
연꽃문, 국화문, 돌림문
Lotus Flower Pattern,
Chrysanthemum Pattern,
Rotation Pattern

73
국화문, 만자문
Chrysanthemum Pattern,
Manja Pattern

73
연꽃문, 만자문
Lotus Flower Pattern,
Manja Pattern

74
복숭아문, 파자문
Peach Pattern, Paja Pattern

74
연꽃문, 만자문, 빗살문, 고리문
Lotus Flower Pattern,
Manja Pattern, Teeth of Comb
Pattern, Link Pattern

74
연꽃문, 파자문
Lotus Flower Pattern, Paja Pattern

74
연꽃문, 국화문, 빗살문
Lotus Flower Pattern,
Chrysanthemum Pattern,
Teeth of Comb Pattern

76
창살문
Lattice Pattern

76
만자문
Manja Pattern

76
파도문
Wave Pattern

78
돌림문
Rotation Pattern

78
빗살문
Teeth of Comb Pattern

78
만자문
Manja Pattern

78
만자문
Manja Pattern

79
연꽃문
Lotus Flower Pattern

79
복자문
Bokja Pattern

79
삼태극문, 이화문
Three Taegeuk Pattern,
Pear Blossom Pattern

79
연꽃문
Lotus Flower Pattern

79
연꽃문
Lotus Flower Pattern

79
창살문
Lattice Pattern

80
고리문
Link Pattern

80
삼태극문, 수레차문, 만자문
Three Taegeuk Pattern,
Wagon Pattern, Manja Pattern

80
국화문, 고리문
Chrysanthemum Pattern,
Link Pattern

80
연꽃문, 돌림문
Lotus Flower Pattern,
Rotation Pattern

80
빗살문
Teeth of Comb Pattern

80
연꽃문, 만자문, 고리문
Lotus Flower Pattern,
Manja Pattern, Link Pattern

80
물고기문, 국화문, 고리문
Fish Pattern, Chrysanthemum
Pattern, Link Pattern

81
금잔화문
Common Marigold Pattern

81
연꽃문
Lotus Flower Pattern

81
거북문
Turtle Pattern

81
나비문
Butterfly Pattern

81
수자문
Suja Pattern

81
귀갑문
Tortoise Shell Pattern

82
연꽃문, 고리문
Lotus Flower Pattern, Link Pattern

82
연꽃문, 창살문, 만자문
Lotus Flower Pattern,
Lattice Pattern, Manja Pattern

82
연꽃문, 만자문
Lotus Flower Pattern,
Manja Pattern

83
국화문, 이화문, 빗살문
Chrysanthemum Pattern,
Pear Blossom Pattern,
Teeth of Comb Pattern

83
연꽃문, 만자문
Lotus Flower Pattern, Manja Pattern

83
연꽃문, 국화문, 빗살문
Lotus Flower Pattern,
Chrysanthemum Pattern,
Teeth of Comb Pattern

84
물고기문, 모란문, 돌림문
Fish Pattern, Peony Pattern,
Rotation Pattern

84
연꽃문, 모란문, 만자문
Lotus Flower Pattern,
Peony Pattern, Manja Pattern

85
연꽃문, 모란문, 격자문
Lotus Flower Pattern,
Peony Pattern, Lattice Pattern

85
파도문
Wave Pattern

86
연꽃문, 국화문, 돌림문
Lotus Flower Pattern,
Chrysanthemum Pattern,
Rotation Pattern

86
보상화문, 기하학적문
Bosanghwa Pattern,
Geometric Pattern

86
연꽃문, 만자문
Lotus Flower Pattern, Manja Pattern

88
연꽃문, 물고기눈문, 빗살문
Lotus Flower Pattern, Fish Eye
Pattern, Teeth of Comb Pattern

88
연꽃문, 이화문, 파도문
Lotus Flower Pattern, Pear Blossom
Pattern, Wave Pattern

88
연꽃문, 만자문, 고리문
Lotus Flower Pattern,
Manja Pattern, Link Pattern

89
태극문, 연꽃문
Great Absolute Pattern,
Lotus Flower Pattern

90
물고기문, 돌림문
Fish Pattern, Rotation Pattern

90
물고기문, 이화문, 돌림문
Fish Pattern, Pear Blossom Pattern,
Rotation Pattern

90
물고기문, 고리문
Fish Pattern, Link Pattern

90
화문, 만자문
Flower Pattern, Manja Pattern

90
화문, 만자문
Flower Pattern, Manja Pattern

90
물고기문, 연꽃문, 돌림문
Fish Pattern, Lotus Flower Pattern,
Rotation Pattern

92
국화문, 난초문, 기하학적문
Chrysanthemum Pattern, Orchid
Pattern, Geometric Pattern

92
연꽃문, 국화문, 돌림문
Lotus Flower Pattern,
Chrysanthemum Pattern,
Rotation Pattern

92
모란문, 보상화문, 고리문
Peony Blossom Pattern,
Bosanghwa Pattern, Link Pattern

93
연꽃문, 만자문, 뇌문
Lotus Flower Pattern,
Manja Pattern, Fret Pattern

93
연꽃문, 돌림문, 만자문
Lotus Flower Pattern,
Rotation Pattern, Manja Pattern

93
연꽃문, 고리문
Lotus Flower Pattern, Link Pattern

93
연꽃문, 돌림문
Lotus Flower Pattern,
Rotation Pattern

286
해오라기문
Chinese Pond Heron Pattern

287
독수리문
Eagle Pattern

288
연꽃문
Lotus Flower Pattern

289
연꽃문
Lotus Flower Pattern

289
연꽃문, 새문
Lotus Flower Pattern, Bird Pattern

290
연꽃문
Lotus Flower Pattern

290
나비문
Butterfly Pattern

291
나비문, 구름당초문
Butterfly Pattern, Cloud & Arabesque
Pattern

291
나비문
Butterfly Pattern

294
연꽃문
Lotus Flower Pattern

295
나비문, 구름당초문
Butterfly Pattern,
Cloud & Arabesque Pattern

295
나비문
Butterfly Pattern

296
연꽃문
Lotus Flower Pattern

297
연꽃문
Lotus Flower Pattern

297
연꽃문
Lotus Flower Pattern

298
연꽃문
Lotus Flower Pattern

298
나비문
Butterfly Pattern

299
연꽃문
Lotus Flower Pattern

299
나비문
Butterfly Pattern

300
연꽃당초문
Lotus Flower & Arabesque Pattern

301
연꽃문, 잠자리문
Lotus Flower Pattern,
Dragonfly Pattern

302
철새문
Migratory Bird Pattern

303
나비문
Butterfly Pattern

303
굴렁쇠문
Hoop Pattern

304
나비문
Butterfly Pattern

304
해오라기문
Chinese Pond Heron Pattern

305
해오라기문
Chinese Pond Heron Pattern

305
봉황문
Chinese Phoenix Pattern

306
나비문
Butterfly Pattern

307
나비문
Butterfly Pattern

309
오리문
Duck Pattern

310
말문
Horse Pattern

311
나비문
Butterfly Pattern

참고자료

아름다운 떡살무늬 - 미술문화출판사

한국근대회화선집 - 금성출판사

한국의 풍속화(김용환) - 민문고

한국의 민화 - 경미문화사

간송문화 - 한국민족미술연구소

한국의 무늬 - 한국문화재보호재단

한국의 전통문양(임영주) - 도서출판 예원

운보 김기창 - 경미출판사

이당 김은호(한국근대미술연구소) - 국제문화사

한국문화 상징사전 1,2 - 동아출판사, 두산동아

전통공예와 한국문양을 사랑하는 디자이너로서 『마음으로 쓰는 우리 무늬』의 디자인을 총괄 진행한 것에 대하여 기쁘고 영광스럽게 생각합니다. 이 책은 전라남도 무형문화재 제56호 김규석 목조각장의 40여년간의 작품활동을 집대성한 방대한 자료를 2년여 간에 거쳐 편집되었습니다. 떡살, 능화판, 시전지판, 문양각, 부조, 상감 600여점의 작품 중 400여점을 선정하여 실었습니다. 편집과 제작 과정에서 함께 일할 수 있었던 모든 이들에게 감사를 표하고 싶습니다.

문양 변환 작업에 가장 큰 노력을 기울였으며 탁본과 디지털 작업으로 나뉘어 문양을 제작했습니다. 떡살, 능화판, 시전지판 등 탁본 작업을 통해 230여점의 문양을 실었습니다. 탁본 중에 능화판처럼 크기가 커서 명도와 선명도가 불규칙한 경우, 고르게 보정하였습니다. 문양각, 부조, 상감은 문양, 인물, 식물, 동물 등의 주제가 복합적으로 구성되어 있는데 각각의 주제가 디지털 작업을 통해 잘 변환될 수 있도록 노력을 기울였습니다. 모든 작업은 오랜 시간과 섬세한 작업을 필요로 했습니다. 문양의 의미와 형태에 초점을 두고 레이아웃을 구성했으며, 문양의 색변환, 패턴화, 구성의 변화를 통해 그래픽적인 요소를 표현했습니다.

이 책의 시작과 끝은 도전의 연속이었습니다. 이로 인해 많은 배움과 좋은 경험을 얻었습니다. 한국의 전통적인 문양에 뿌리를 두고 있지만 다양한 분야에서 새로운 컨텐츠와 플랫폼에서 활용되고 재탄생되기를 기대합니다.

2016. 7
칠석무늬 방윤정

As a designer who loves traditional crafts and Korean pattern, I am glad and honored to perform a general design of 『Traditional Korean Patterns』. This book consists of vast materials compiling art works of Kim Kyusuk, who is a fifty-sixth intangible cultural asset of Jeollanam-do, for the past 40 years, and I have edited this book for two years. I have selected around 400 art works, such as Munyanggak, Neunghwapan, Inlay, Tteoksal, Sijeonjipan, Relief, in his total art works, which are around six hundreds, and inserted them into this book. I appreciate all partners who have worked together during the process of editing and producing.

I have done my best to do conversion of patterns, and produced patterns separating rubbing and digital work. I have inserted around 230 patterns, such as Neunghwapan, Tteoksal, Sijeonjipan, by rubbing. When the brightness and visibility of Neunghwapan are erratic due to its big size, I have corrected contents evenly. Munyanggak, Inlay and Relief complexly consist of patterns, characters, plants and animals, so I devote each subject to convert through digital work. All process is needed a long time and detailed work. Focusing on the meaning and shape of patterns, I have organized layout, and expressed graphic factors by changing compositions of patterns and converting colors.

The process of publishing this book is challenge from the begging to the end. I have learned a lot of things and gained good experience. Even though it is based on Korean traditional patterns, I hope it will be used and recreated as new contents and platforms in various fields.

July 2016
77PATTERN Design Studio
Bang Yoonjung

김 규 석

金 奎 奭

Kim Kyusuk

약 력

전라남도 함평 출생

전라남도무형문화재 제56호 목조각장

대한민국목공예명장(노동부) 제449호

기능전승자 떡살제작(노동부) 제2000-2호

전라남도미술대전 추천, 초대작가

광주광역시미술대전 추천, 초대작가

노동부장관 표창

문화관광부장관 표창

대통령산업포장 수상

목산공예관 대표

전남 담양군 대전면 대치8길 46 (061-382-0057)

저 서

전통음식·떡살 – 2002년 오성출판사

소중한 우리 떡살 – 2005년 미술문화출판사

아름다운 떡살무늬 – 2006년 미술문화출판사

지혜로운 우리 음식 – 2008년 미술문화출판사

김규석 목공예 – 2016년 도서출판 이종

마음으로 새긴 우리 무늬

초판 1쇄 발행 2016년 7월 19일

지은이 김규석 ㅣ 발행인 백남기 ㅣ 발행처 도서출판 이종 ㅣ 출판등록 제313-1991-16호

주소 서울시 마포구 월드컵로15길 67 2층 ㅣ 전화 02-701-1353 ㅣ 팩스 02-701-1354 ㅣ 홈페이지 www.ejong.co.kr

기획편집 백명하 ㅣ 디자인 방윤정(77PATTERN) ㅣ 편집 권은주 ㅣ 마케팅 박하연 ㅣ 제작 김선관

사진촬영 국수용, 모종현 ㅣ 감수 이주철, 박형철, 최공호 ㅣ 교정 조영길, 김진미 ㅣ 인쇄 연재문화사 ㅣ 제본 책다움

값 200,000원

ISBN 978-89-7929-224-4 13630

Traditional Korean Patterns

First Published 2016 in Korea by EJONG Publishing Co. 67, World Cup-ro 15-gil, Mapo-gu, Seoul, Korea.

TEL +82-2-701-1353 ㅣ FAX +82-2-701-1354 ㅣ Website www.ejong.co.kr

Publisher Baik Namki ㅣ Project Editor Baik Myungha ㅣ Design Bang Yoonjung(77PATTERN) ㅣ Assistant Editor Kwon Eunjoo

Marketing Park Hayeon ㅣ Production Controller Kim Sunkwan ㅣ Photographer Kuk Suyong, Mo Jonghyun

Advice Lee Juchul, Park Hyungchul, Chui Gongho ㅣ Proofreading Cho Younggil, Kim Jinmi

이 도서의 국립중앙도서관 출판시도서목록(CIP)은 서지정보유통지원시스템 홈페이지(http://seoji.nl.go.kr)와
국가자료공동목록시스템(http://www.nl.go.kr/kolisnet)에서 이용하실 수 있습니다. (CIP제어번호:CIP2016010960)